老舍 著　零露 编

顶可爱的

北京

中国书店

图书在版编目（CIP）数据

顶可爱的北京 ／ 老舍著 ；零露编. -- 北京 ：中国
书店，2025．1．-- ISBN 978-7-5149-3770-1

Ⅰ．K291

中国国家版本馆CIP数据核字第20240J8Q62号

顶可爱的北京

老舍 著　零露 编

责任编辑：林凌

出版发行：中国书店

地址：北京市西城区琉璃厂东街115号

邮编：100050

印刷：北京鑫益晖印刷有限公司

开本：880 mm×1230 mm　1/32

版次：2025年4月第1版第1次印刷

印张：8.125

字数：138千

书号：ISBN978-7-5149-3770-1

定价：48.00元

编者的话

如何介绍这本书呢？自从编完老舍先生的这部作品，这个问题一直在我心里打转。其实，简单地说，《顶可爱的北京》是一本汇集了老舍先生描写北京城和这座城市众生相的书。书中的每句话都是从先生的作品中挑出的，目的只有一个，就为让您能觉出北京是多么可爱！这点意思总想以特别诗意的方式表达出来。写了多少次，都是词不达意。

入秋，眼看着丹柿小院的那些"小红灯笼"都要熟透了，老舍纪念馆的工作人员说，柿子们"下凡"的日子已定在了2024年10月28日，也就是一星期以后。听到这个消息，更觉出秋去冬来的紧迫。

这两日，陪父母回江苏老家，早晨开窗时，迎面扑来了一股子甜香的桂花味儿！吃完早饭，全家都追了出去，步行到一片农田旁，爸爸指着河边成行的桂花树，告诉我和妈妈，这就是花香的来源。我们站在一棵极大的桂花树旁，花香如风，花落如雨，忽然想到，此情此景不正是我要找的那个"诗意"吗？这许多年，沐浴在老舍先生作品的京味儿中，如今终于寻到了那些制造花香的枝蔓和根系，而顶可爱的北京，就是他那个京味儿的发祥地呀！

和这部书诞生有关的还有另外一个小故事。

2018年，我在波士顿友人家小住，和两夫妇聊至深夜，话题都是他们来麻省理工学院做教授之前在国内的往事。一早，教授来房间问好，说是已经看完我送她的书，还说从我的书里闻到了老舍的京味。我惊呼："昨天三点散后，您没睡觉？"教授笑答："老家来人了，哪睡得着！"这话让我差点破防。

回京后，整理老舍先生作品时，我突发奇想，何不将先生记录北京的文字摘录下来，将其穿成一条"项链"呢？异地他乡，昏昏灯火之下，这项链低头即见，满载北京四合院中"鸟多闲暇，花随四时"之意，和心的距离最近。有朝一日，如若再见老友，将其当成礼物相赠，那该是何等奇妙的重逢呢！

熟悉老舍先生作品的朋友常有个疑问，先生并非一生都在北京这座城市度过，甚至说，他创作的大部分时间均不在此地，可为什么他的作品却满载京味儿呢？好比说牛天赐所在的云城，老马栖息的伦敦，甚至是火星，这些故事的发生地似乎一律可以搬入北京这座古城！对于人们的这个疑惑，我们从老舍先生1936年6月16日发表在《宇宙风》第十九期的《想北平》一文中找到了答案，先生这样写道："因为我的最初的知识与印象都得自北平，它是在我的血里，我的性格与脾气里有许多地方是这古城所赐给的。我不能爱上海与天津，因为我心中有个北平。"老舍先生1899年在北京出生，1966年在北京离世——还有什么比生命的起始对基因定格得更牢固呢！

老舍先生笔下的北京，早年曾称作"北平"，那是美的集合，也是苦难的所在，更是爱的浓缩。字字句句，所浸润的满是浓浓的乡愁与暖意——

北平的雨后使人只想北平……自己是对着一张，极大的一张，工笔画，楼阁与莲花全画得一笔不苟，楼外有一抹青山，莲花瓣上有个小蜻蜓。

那长着红酸枣的老城墙！面向着积水潭，背后

是城墙，坐在石上看水中的小蝌蚪或苇叶上的嫩蜻
蜓，我可以快乐地坐一天，心中完全安适，无所求
也无可怕，像小儿安睡在摇篮里。

这些文字，是老舍先生那句"我真爱北平"的注释，也是
他完全降服给北平的见证。而为使人们也跟着他一起爱上他的
城，老舍先生可是下了大功夫——

秋天一定要住北平。天堂是什么样子，我不晓
得，但是从我的生活经验去判断，北平之秋便是天堂。

假若仙人们只吃一点鲜果，而不动火食，仙人
在地上的洞府应当是北平啊！

"我真爱北平"，这种对家乡如泣如诉的文字在老舍先生
的作品中时隐时现，那是一种如诗如画的存在，读过之后往往
让人舍不得离开。

我真爱北平！这个爱几乎是要说而说不出的。

我爱我的母亲……我之爱北平也近乎这个。

它污浊，它美丽，它衰老，它活泼，它杂乱，它安闲，它可爱……

我所爱的北平不是枝枝节节的一些什么，而是整个儿与我的心灵相黏合的一段历史，一大块地方，多少风景名胜，从雨后什刹海的蜻蜓一直到我梦里的玉泉山的塔影……我的每一思念中有个北平……

真愿成为诗人，把一切好听好看的字都浸在自己的心血里，像杜鹃似的啼出北平的俊伟！啊！我不是诗人！我将永远道不出我的爱，一种像由音乐与图画所引起的爱……

好，不再说了吧；要落泪了，真想念北平呀！

翻看老舍先生这些炙热的文字，任凭你是不是这座城市的居民，相信都会被他笔下这个"顶可爱的北京"所俘获！这本小书里的景致和人物，似乎总是朴素又雅致的，带着些幸福、谦逊而又得意的微笑。

由此，你一定会爱上北京，并仔细地阅读她，进而品味她的魅力。

如果说世界风云变幻，而北京的可爱则是为你写诗，带你看花。霜降了，天逐渐冷了起来，一个温暖的好日子非常难得。此时，我们在北京的小房子里，捡了一些花瓣，夹几个给您送去，这就是《顶可爱的北京》中的字句。愿本书能成为大家认识北京的向导，也愿北京的文化通过老舍先生的作品而于世间永在！

零露

2024 年 10 月 23 日　霜降

目 录

上篇

这里是北京

京城五月天

诗人们的幽思，在梦中引逗着落花残月

那是五月的天气，小太阳撅着血盆似的小红嘴，忙着和那东来西去的白云亲嘴。有的唇儿一挨慌忙地飞去；有的任着意偎着小太阳的红脸蛋；有的化着恶龙，张着嘴想把她一口吞了；有的变着小绵羊跑着求她的青眼。这样艳美的景色，可惜人们却不曾注意，那倒不是人们的错处，只是小太阳太娇羞了，太泼辣了，把要看的人们晒得满脸流油。于是富人们支起凉棚索性不看；穷人们倒在柳荫之下做他们的好梦，谁来惹这个闲气。

一阵阵的热风吹来的柳林蝉鸣，荷塘蛙曲，都足以增加人们暴躁之感。诗人们的幽思，在梦中引逗着落花残月，织成一片闲愁。富人们乘着火艳榴花，茧黄小蝶，增了几分雅趣。

（选自《老张的哲学》）

九和居们

酒要外买老字号的原封，茶要泡好镇在冰箱里

中华民族是古劲而勇敢的。何以见得？于饭馆证之：

一进饭馆，迎面火焰三尺，油星乱溅。肥如判官，恶似煞神的厨役，持着直径尺二，柄长三尺的大铁杓，酱醋油盐，鸡鱼鸭肉，与唾星烟灰蝇屎猪毛，一视同仁地下手。煎炒的时候，摇着油锅，三尺高的火焰往锅上扑来，耍个珍珠倒卷帘。杓儿盛着肉片，用腕一衬，长长的舌头从空中把肉片接住，尝尝滋味的浓淡。尝试之后，把肉片又吐到锅里，向着炒锅猛虎扑食般地打两个喷嚏。火候既足，杓儿和铁锅撞得山响，二里之外叫馋鬼听着垂涎一丈。这是入饭馆的第一关。走进几步几个年高站堂的，一个一句："老爷来啦！老爷来啦！"然后年青的

5

挑着尖嗓几声"看座呀"！接着一阵拍拍地撣鞋灰，邦邦地开汽水，嗖嗖地飞手巾把，嗡嗡地赶苍蝇（饭馆的苍蝇是冬夏常青的）。咕噜咕噜地扩充范围地漱口。这是第二关。主客坐齐，不点菜饭，先唱"二黄"。胡琴不管高低，嗓子无论好坏，有人唱就有人叫好，有人叫好就有人再唱。只管嗓子受用，不管别人耳鼓受伤。这是第三关。二黄唱罢，点酒要菜，价码小的吃着有益也不点，价钱大的，吃了泻肚也非要不可。酒要外买老字号的原封，茶要泡好镇在冰箱里。冬天要吃鲜瓜绿豆，夏天讲要隔岁的炸粘糕。酒菜上来，先猜拳行令，迎面一掌，声如狮吼，入口三杯，气贯长虹。请客的酒菜屡进，惟恐不足；做客的酒到杯干，烂醉如泥。这是第四关。压阵的烧鸭或焖鸡上来，饭碗举起不知往哪里送，羹匙倒拿，斜着往眉毛上插。然后一阵恶心，几阵呕吐。吃的时候并没尝出什么滋味，吐的时候却节节品着回甘。"仁丹"灌下，扶上洋车，风儿一吹，渐渐清醒，又复哼哼着"先帝爷，黄骠马"，以备晚上再会。此是第五关。有此五关而居然斩关落锁，驰骋如入无人之地，此之谓"食而有勇"！

"美满的交际立于健全的胃口之上。"当然是不易的格言！

（选自《老张的哲学》）

那条胡同

东墙上懒懒地爬着几蔓牵牛花

那条胡同是狭而长的。两旁都是用碎砖砌的墙。南墙少见日光，薄薄地长着一层绿苔，高处有隐隐的几条蜗牛爬过的银轨。往里走略觉宽敞一些，可是两旁的墙更破碎一些。在路北有被雨水冲倒的一堵短墙，由外面可以看见院内的一切。院里三间矮屋，房檐下垂着晒红的羊角椒。阶上堆着不少长着粉色苔的玉米棒子。东墙上懒懒地爬着几蔓牵牛花，冷落地开着几朵浅蓝的花。

（选自《老张的哲学》）

东北园胡同　况晗　作

冬天的风

远处的高树先轻轻地点头，近处的一切可动的
东西也渐次摇动

"下雨是墨盒子，刮风是香炉。"是外国人对于北京的简妙地形容。中国人听了这两句话，只有夸赞形容得妙，而不觉得一个都城像墨盒子和香炉为不应当的。本来，为什么都城一定不像香炉和墨盒子，为什么世界不……

……那冬天每日必来的北风已经由细而粗地刮起来。先是空中一阵阵的哨子响，好似从天上射来的千万响箭。跟着由野外吹来的黄沙和路上的黑土卷成一片灰潮，从一切有孔的东西打过穿堂。兜着顺着风走的人、兽的脚踵，压着逆着风走的脚面，把前者催成不自主的速进，把后者压成钉在地上的石桩。一阵

风过，四外天空罩上一圈沙雾，阳光透过，好像飘浮着一层黄雪。跟着由远而近的响声又作，远处的高树先轻轻地点头，近处的一切可动的东西也渐次摇动。继而后面的怒潮又排山倒海而来，远近上下的东西就在吼叫中连成一片不可分析的波动与激荡。如此一阵，一阵，又一阵，树枝折了，薄的土墙倒了，路上的粪土吹净了，到红日西落的时候，才惨淡荒寒地休息一刻，等着夜里再攻袭大地的一切。

（选自《老张的哲学》）

城墙根儿

*清浅的护城河水，浮着几只白鸭，把脚洗得
鲜黄*

古老雄厚的城墙，杂生着本短枝粗的小树；有的挂着半红的虎眼枣，迎风摆动，引得野鸟飞上飞下地啄食。城墙下宽宽的土路，印着半尺多深的车迹。靠墙根的地方，依旧开着黄金野菊，更显出幽寂而深厚。清浅的护城河水，浮着几只白鸭，把脚洗得鲜黄，在水面上照出一圈一圈的金光。

（选自《老张的哲学》）

王德游中山中央公园

大厅里坐着的文明人，吃东西不用筷子，用含
有尚武精神的小刀小叉

住在北京城而没到过中央公园的，要不是吝惜十个铜元，
是没有充分的时间丢在茶桌藤椅之间；要不是憎嫌那伟壮苍老
的绿柏红墙，是缺乏赏鉴白脸红唇蓝衫紫裤子的美感；要不是
厌恶那雪雾松风，雨后荷香的幽趣，是没有排御巴黎香水日本
肥皂的抵抗力。假如吝惜十枚铜元去买门票，是主要原因，我
们当千谢万谢公园的管理人，能体谅花得起十枚铜元的人们的
心，不致使臭汗气战胜了香水味。至于有十个铜元而不愿去，
那是你缺乏贵族式的审美心，你只好和一身臭汗，满脸尘土的
人们，同被排斥于翠柏古墙之外，你还怨谁？

王德住在城里已有半年，凡是不买门票随意入览的地方，差不多全经涉目。他的小笔记本上已写了不少，关于护国寺庙会上大姑娘如何坐在短凳上喝豆汁，土地庙内卖估衣的怎样一起一落地唱着价钱……可是对于这座古庙似的公园，却未曾瞻仰过，虽然他不断地由天安门前的石路上走。

他现在总算挣了钱，挣钱的对面自然是花费；于是那座公园的铁门拦不住他了。他也一手交票，一面越着一尺多高的石门限，仰着头进去了。

……

这里，茶馆里的人们：一人一张椅子，一把茶壶，桌上还盖着雪白的白布。人们把身子躺在椅子上，脚放在桌上，露出红皮做的鞋底，连半点尘土都没有，比护国寺卖的小洋镜子还亮……

他一连绕了三个圈，然后立在水榭东边的大铁笼外，看着那群鸭子（还有一对鸳鸯呢），伸着长长的脖子，一探一探地往塘畔一条没有冻好的水里送。在他左右只有几个跟着老妈的小孩子娇声细气地嚷："进去了！又出来了！嘴里衔着一条小鱼！"坐大椅子的人们是不看这个的。

他看了半天，腿有些发酸。路旁虽有几条长木椅，可是不好意思坐下，因为他和一般人一样的，有不愿坐木椅的骄傲……

他开始向东，从来今雨轩前面绕过北面去。更奇怪了！大厅里坐着的文明人，吃东西不用筷子，用含有尚武精神的小刀小叉。王德心里想：他们要打起架来，掷起刀叉，游人得有多少受误伤的！

……

王德低着头往北走，走到北头的河岸，好了，只有一片松林，并没有多少游人。他预料那里是越来越人少的，因为游公园的人们是不往人少的地方出闷锋头的。

他靠着东墙从树隙往西边的桥上看，还依稀的看得出行人的衣帽。

（选自《老张的哲学》）

银锭桥　况晗　作

净业湖畔之冬

两岸的枯柳一左一右地摇动着长枝

湖内冻着厚冰，几个小孩穿着冰鞋笑笑嘻嘻地溜冰。两岸的枯柳一左一右地摇动着长枝，像要躲开那严酷的寒风似的。靠岸的冰块夹着割剩下的黄枯苇，不断的小麻雀捉住苇秆，一起一伏地摆动他们的小尾巴。太阳已往西去，罩着一层淡黄的雾，斜射着银灰的冰块，连成一片寒气。那小孩的疾驰，那小麻雀的飞落，好像几个梭儿，在有忧思的人们眼前织成一个愁网。

（选自《老张的哲学》）

冬夜

北京城真要像一只大死牛那么静寂了

夜深了，若不是钟鼓楼的钟声咚咚地代表着寒酸贪睡的北京说梦话，北京城真要像一只大死牛那么静寂了。鬼似的小风卷着几片还不很成熟的雪花，像几个淘气的小白蛾，在电灯下飞舞。虽然只是初冬的天气，却已经把站街的巡警冻得缩着脖子往避风阁里跑了。

（选自《赵子曰》）

17

年夜

这些个声音，叫旅居的人们不由地想家

满天的星斗，时时空中射起一星星的烟火，和散碎的星光连成一片。烟火散落，空中的黑暗看着有无限的惨淡！街上的人喧马叫闹闹吵吵地混成一片。邻近的人家，呱哒呱哒地切煮饽饽馅子。雍和宫的号筒时时随着北风吹来。门外不时地几个要饭的小孩子喊："送财神爷来啦！"惹得四邻的小狗不住地汪汪地叫。这些个声音，叫旅居的人们不由地想家。北京的夜里，差不多只有大年三十的晚上有这么热闹。这种异常的喧嚣叫人们不能不起一种特别的感想……

（选自《赵子曰》）

庙会

"吃喝玩逛"是新春的生命享受

　　人们由心里觉得暖和了，其实天气还是很冷。尤其是逛庙会的人们，步行的，坐车的，全带着一团轻快的精神。平则门外的黄沙土路上，骑着小驴的村女们，裹着绸缎的城里头的小姐太太们，都笑吟吟到白云古寺去挤那么一回。

　　"吃喝玩逛"是新春的生命享受。所谓"逛"者就是"挤"，挤得出了一身汗，"逛"之目的达矣。

　　浅蓝的山色，翠屏似的在西边摆着。古墓上的老松奇曲古怪地探出苍绿的枝儿，有的枝头上挂着个撕破的小红风筝，好似老太太戴着小红绢花那么朴美。路上沙沙的蹄声和叮叮的铃响，小驴儿们像随走随作诗似的那么有音有韵的……然而这些

19

个美景都不在"逛"的范围以内。

茶棚里的娇美的太太们，豆汁摊上的红袄绿裤的村女们，庙门外的赌糖的，押洋烟的，庙内桥翅下坐着的只顾铜子不怕挨打的老道士……这些个才是值得一看的。

白云观有白云观的历史与特色，大钟寺有大钟寺的古迹和奇趣。可是逛的人们永远是喝豆汁，赌糖，押洋烟。大钟寺和白云观的热闹与拥挤是逛的目的，什么古迹不古迹的倒不成问题。白云观的茶棚里和海王村的一样喊着："这边您哪！高飏眼亮，得瞧得看！"瞧什么？看什么？这个问题要这样证明：设若有一家茶棚的茶役这样喊："这边得看西山！这边清静！"我准保这个茶棚里一位照顾主儿也没有。

所以形容北京的庙会，不必一一地描写。只要说："人很多，把妇女的鞋挤掉了不少。"就够了。虽然这样形容有些千篇一律的毛病，可是事实如此，非这样写不可。

（选自《赵子曰》）

南长街

墙根下散落地开着几朵浅藕荷色的三月蓝

嫩绿的柳条把长宽的马路夹成一条绿胡同，东面中央公园的红墙，墙头上露出苍绿的松枝，好像老松们看腻了公园而要看看墙外的景物似的。墙根下散落地开着几朵浅藕荷色的三月蓝，虽然只是那么几朵小花，却把春光的可爱从最小而简单的地方表现出来。路旁卖水萝卜的把鲜红的萝卜插上娇绿的菠菜叶，高高兴兴地在太阳地里吆唤着春声。

（选自《赵子曰》）

北京的端阳节

染红了嘴的小桃，虽然不好吃，可是看着多么美！

　　那粉团儿似的蜀菊，衬着嫩绿的叶儿，迎着风儿一阵一阵抿着嘴儿笑。那长长的柳条，像美女披散着头发，一条一条地慢慢摆动，把南风都摆动得软了，没有力气了。那高峻的城墙长着歪着脖儿的小树，绿叶底下，青枝上面，藏着那么一朵半朵的小红牵牛花。那娇嫩刚变好的小蜻蜓，也有黄的，也有绿的，从净业湖而后海而什刹海而北海而南海，一路弯着小尾巴在水皮儿上一点一点；好像北京是一首诗，他们在绿波上点着诗的句读。净业湖畔的深绿肥大的蒲子，拔着金黄色的蒲棒儿，迎着风一摇一摇地替浪声击着拍节。什刹海中的嫩荷叶，卷着的像卷着一些幽情，放开的像给诗人托出一小碟子诗料。北海

22

的渔船在白石栏的下面，或是湖心亭的旁边，和小野鸭们挤来挤去地浮荡着；时时的小野鸭们噗喇噗喇擦着水皮儿飞，好像替渔人的歌唱打着锣鼓似的："五月来呀南风儿吹"噗喇，噗喇。"湖中的鱼儿"噗喇。"嫩又肥"噗喇，噗喇……那白色的塔，蓝色的天，塔与天的中间飞着那么几只野灰鸽：一上一下，一左一右，诗人的心随着小灰鸽飞到天外去了……

再看街上：小妞儿们黑亮的发辫上戴着各色绸子做成的小老虎，笑涡一缩一鼓地吹着小苇笛儿。光着小白脚鸭的小孩子，提着一小竹筐虎眼似的樱桃，娇嫩地吆喝着"赛了李子的樱桃哇！"铺户和人家的门上插上一束两束的香艾，横框上贴上黄纸的神符，或是红色的判官。路旁果摊上摆着半红的杏儿，染红了嘴的小桃，虽然不好吃，可是看着多么美！

……"美丽的北京哟！美丽的北京端阳节哟！""哟"字虽然被新诗人用滥了，可是要形容北京的幽美是非用"哟"不可的；一切形容不出的情感与景致，全仗着这个"哟"来助气呢。

（选自《赵子曰》）

暑 热

小野狗们都躺在天棚底下

　　已是学校里放暑假的天气，太阳像添足了煤的大火炉把街上的尘土都烧得像火山喷出来的灰砂。路旁卖冰激凌的，酸梅汤的，叮叮地敲着冰铲儿，叫人们听着越发觉得干燥口渴。小野狗们都躺在天棚底下，一动也不动地伸着舌头只管喘，可是拉洋车的和清道夫还在马路上活动，或者人们还不如小狗儿们的造化？清道夫们自自然然地一瓢一瓢往街心上洒水，洒得那么又细又匀；洒完就干，干了再洒，好像以半部《论语》治天下的人们念那半部《论语》似的那么百读不厌。

（选自《赵子曰》）

24

西北风

全世界都要跑

　　一夜的大风，门摇窗响，连山墙也好像发颤。纸棚忽嘟忽嘟地动，门缝一阵阵地往里灌凉气。什么也听不清，因为一切全正响。风把一切声音吞起来，而后从新吐出去，使一切变成惊异可怕地叫唤着。刷—— 一阵沙子，呕——从空中飞过一群笑鬼。哗嘟哗啦，能动的东西都震颤着。忽——忽——忽——全世界都要跑。人不敢出声，犬停止了吠叫。猛孤丁地静寂，院中滚着个小火柴盒，也许是孩子们一件纸玩具。又来了，呕——呼——屋顶不晓得什么时候就随着跑到什么地方去。

（选自《离婚》）

北海的夏

男的穿白，一躬一躬地摇桨，女的藏在小花
伞下面

早莲初开，桃子刚染红了嘴唇。不漂亮的人也漂亮了些，男的至少有个新草帽，女的至少穿上件花大衫，夏天更自然一些，可以叫人不富而丽……

到了北海。早莲在微风里张开三两个瓣儿，叶子还不密，花梗全身都清洁挺拔，倚风而立，花朵常向晴天绿水微微地点头……

看着水边上的小蜻蜓，飞了飞，落在莲花瓣上；落了会儿，又飞起来。南边的大桥上，来来往往不断的人马，像张活动的图画。桥下有几只小船，男的穿白，一躬一躬地摇桨，女的藏在小花伞下面，安静，浪漫：一阵风带着荷香，从面上吹过。

（选自《离婚》）

西单牌楼

人气、车声、汗味中裹着点香粉或花露水味，
使人迷惘而高兴

自迁都后，西单牌楼渐渐成了繁闹的所在，虽然在实力上还远不及东安市场一带……因此，在普通人们看，它更足以使人舒服，因为多着些本地风光。它还没梦想到有个北京饭店，或是乌利文洋行。咖啡馆的女招待，百货店的日本货，戴一顶新草帽或穿一双白帆布鞋就可以出些风头的男女学生，各色的青菜瓜果，便宜坊的烧鸭，羊肉馅包子，插瓶的美人蕉与晚香玉，都奇妙地调和在一处，乱而舒服，热闹而不太奢华，浪漫而又平凡。特别是夕阳擦山的前后，姑娘们都穿出夏日最得意的花衫，卖酸梅汤的冰盏敲得清脆而紧张，西

瓜的吆喝长而多颤；偶尔有一阵凉风；天上的余光未退，铺中的电灯已亮；人气、车声、汗味中裹着点香粉或花露水味，使人迷惘而高兴，袋中没有一文钱也可以享受一些什么。真正有钱的人们只能坐着车由马路中心，擦着满是汗味的电车，向长安街的沥青大路驰去，响着车铃或喇叭。

（选自《离婚》）

景山前街　况晗 作

阵雨

墙根的蜗牛开始露出头角向高处缓进，似乎要
爬到墙头去看看天色

　　下了大雨。不知哪儿的一块海被谁搬到空中，底儿朝上放
着……忽然一个大雷，由南而北地咕隆隆，云也跟着往北跑。
一会儿，南边已露出蓝天；北边的黑云堆成了多少座黑山，远
处打着闪。跑在后边的黑云，失望了似的不再跑，在空中犹疑
不定地东探探头，西伸伸脚，身子的四围渐渐由黑而灰而白，
甚至于有的变成一缕白气无目的地在天上伸缩不定。

　　院中换了一种空气，瓦上的阳光像鲜鱼出水的鳞色，又亮
又润又有闪光。不知道哪儿来的这么些蜻蜓，黄而小的在树梢
上结了阵，大蓝绿的肆意地擦着水皮硬折硬拐地乱飞。马奶奶

的几盆花草的叶子，都像刚琢过的翡翠。在窗上避雨的大白蛾也扑拉开雪翅，在蓝而亮的空中缓缓地飞。墙根的蜗牛开始露出头角向高处缓进，似乎要爬到墙头去看看天色。来了一阵风，树上又落了一阵雨，把积水打得直冒泡儿；摇了几次，叶上的水已不多，枝子开始抬起头来，笑着似的在阳光中摆动。

（选自《离婚》）

老李遛早儿

一张古画，颜色像刚染上的，就是北平，特别是在雨后

　　第二天早晨，天晴得好像要过度了似的。个个树叶绿到最绿的程度，朝阳似洗过澡在蓝海边上晒着自己。蓝海上什么也没有，只浮着几缕极薄极白的白气。有些小风，吹着空地的积水，蜻蜓们闪着丝织的薄翅在水上看自己的影儿。燕子飞得极高，在蓝空中变成些小黑点。墙头上的牵牛花打开各色的喇叭，承受着与小风同来的阳光。街上的道路虽有泥，可是墙壁与屋顶都刷得极干净，庙宇的红墙都加深了些颜色。街上人人显着利落，轻松，连洋车的胶皮带都特别地鼓胀，发着深灰色。刚由园子里割下的韭菜，小白菜，带着些泥上了市，可是不显着脏，叶上都挂着水珠。

老李上衙门去。在街上他又觉出点渺茫的诗意，和乡下那些美景差不多，虽然不同类。时间还早，他进了西安门，看看西什库的教堂，图书馆，中北海。他说不上是乡间美呢，还是北平美。北平的雨后使人只想北平，不想那些人马住家与一切的无聊，北平变成个抽象的——人类美的建设与美的欣赏能力的表现。只想到过去人们的审美力与现在心中的舒适，不想别的。自己是对着一张，极大的一张，工笔画，楼阁与莲花全画得一笔不苟，楼外有一抹青山，莲花瓣上有个小蜻蜓。乡间的美是写意的，更多着一些力量，可是看不出多少人工，看不见多少历史。御河桥是北平的象征，两旁都是荷花，中间来往着人马；人工与自然合成一气，人工的不显着局促，自然的不显着荒野。一张古画，颜色像刚染上的，就是北平，特别是在雨后。

老李又忘了乡间，他愿完全降服给北平。

（选自《离婚》）

銮庆胡同　况晗　作

夏日小院

西房前设备好圆桌，铺着雪白的桌布

西房的阴影铺满了半院。院中的夜来香和刚买来的晚香玉放着香味，招来几个长鼻子的蜂，在花上颤着翅儿。天很高，蝉声随着小风忽远忽近。斜阳在柳梢上摆动着绿色的金光。西房前设备好圆桌，铺着雪白的桌布。方桌上放着美丽烟，黑头火柴，汽水瓶；桌下两三个大长西瓜，擦得像刚用绿油漆过的。

（选自《离婚》）

36

年前

全北京的人都预备过年，都在这晴光里活动着

快到中午，天晴得更加美丽。蓝天上，这儿一条，那儿一块，飘着洁白光润的白云。西北风儿稍一用力，这些轻巧的白云便化为长长的纱带，越来越长，越薄，渐渐又变成一些似断似续的白烟，最后就不见了。小风儿吹来各种卖年货的呼声：卖供花的、松柏枝的、年画的……一声尖锐，一声雄浑，忽远忽近，中间还夹杂着几声花炮响和剃头师傅的"唤头"声。全北京的人都预备过年，都在这晴光里活动着，买的买，卖的卖，着急的着急，寻死的寻死，也有乘着年前娶亲的，一路吹着唢呐，打着大鼓……

这时候，在那达官贵人的晴窗下，会晒着由福建运来的水

仙。他们屋里的大铜炉或地炕发出的热力，会催开案上的绿梅与红梅。他们的摆着红木炕桌与各种古玩的小炕上，会有翠绿的蝈蝈，在阳光里展翅轻鸣。他们的廊下挂着的鸣禽，会对着太阳展展双翅，唱起成套的歌儿来。他们的厨子与仆人会拿进来内蒙古的黄羊、东北的锦鸡，预备做年菜。阳光射在锦鸡的羽毛上，发出五色的闪光。

我们是最喜爱花木的，可是我们买不起梅花与水仙。我们的院里只有两株歪歪拧拧的枣树，一株在影壁后，一株在南墙根。我们也爱小动物，可是养不起画眉与靛颏儿，更没有时间养过冬的绿蝈蝈。只有几只麻雀一会儿落在枣树上，一会儿飞到窗台上，向屋中看一看。

（选自《正红旗下》）

春风

天、地，连皇城的红墙与金銮宝殿似乎都在
颤抖

　　这一年，春天来得较早。在我满月的前几天，北京已经
刮过两三次大风。是的，北京的春风似乎不是把春天送来，
而是狂暴地要把春天吹跑。在那年月，人们只知道砍树，不
晓得栽树，慢慢地，山成了秃山，地成了光地。从前，就连
我们的小小的坟地上也有三五株柏树，可是到我父亲这一辈，
这已经变为传说了。北边的秃山挡不住来自塞外的狂风，北
京的城墙，虽然那么坚厚，也挡不住它。寒风，卷着黄沙，
鬼哭神号地吹来，天昏地昏，日月无光。青天变成黄天，降
落着黄沙。地上，含有马尿驴粪的黑土与鸡毛蒜皮一齐得意

地飞向天空。半空中，黑黄上下，渐渐混合，结成一片深灰的沙雾，遮住阳光。太阳所在的地方，黄中透出红来，像凝固了的血块。

风来了，铺户外的冲天牌楼唧唧吱吱地乱响，布幌子吹碎，带来不知多少里外的马嘶牛鸣。大树把梢头低得不能再低，干枝子与干槐豆纷纷降落，树杈上的鸦巢七零八散。甬路与便道上所有的灰土似乎都飞起来，对面不见人。不能不出门的人们，像鱼在惊涛骇浪中挣扎，顺着风走的身不自主地向前飞奔；逆着风走的两腿向前，而身子后退。他们的身上、脸上落满了黑土，像刚由地下钻出来；发红的眼睛不断流出泪来，给鼻子两旁冲出两条小泥沟。

那在屋中的苦人们，觉得山墙在摇动，屋瓦被揭开，不知哪一会儿就连房带人一齐被刮到什么地方去。风从四面八方吹进来，把一点点暖气都排挤出去，水缸里白天就冻了冰。桌上、炕上，落满了腥臭的灰土，连正在熬开了的豆汁，也中间翻着白浪，而锅边上是黑黑的一圈。

一会儿，风从高空呼啸而去；一会儿，又擦着地皮袭来，击撞着院墙，呼隆呼隆地乱响，把院中的破纸与干草叶儿刮得不知上哪里去才好。一阵风过去，大家一齐吐一口气，心由高处落回原位。可是，风又来了，使人感到眩晕。天、地，连皇城的红墙与金銮宝殿似乎都在颤抖。太阳失去光芒，北京变成任凭飞沙走石横行无忌的场所。狂风怕日落，大家都盼着那不像样子的太阳及早落下去。傍晚，果然静寂下来。大树的枝条又都直起来，虽然还时时轻摆，可显着轻松高兴。院里比刚刚扫过还更干净，破纸什么的都不知去向，只偶然有那么一两片藏在墙角里。窗楞上堆着些小小的坟头儿，土极干极细。窗台上这里厚些，那里薄些，堆着一片片的浅黄色细土，像沙滩在水退之后，留下水溜的痕迹。大家心中安定了一些，都盼望明天没有一点儿风。可是，谁知道准怎么样呢！那时候，没有天气预报啊。

（选自《正红旗下》）

小院夏景

天空飞着些小燕，院内还偶尔来一两只红的或
黄的蜻蜓

在夏天，我们的院里确比屋里体面：两棵枣树不管结枣与
否，反正有些绿叶。顺着墙根的几棵自生自长的草茉莉，今年
特别茂盛。因为给我添购糕干，父亲今年只买了一棵五色梅，
可是开花颇卖力气。天空飞着些小燕，院内还偶尔来一两只红
的或黄的蜻蜓。房上有几丛兔儿草，虽然不利于屋顶，可是葱
绿可喜。总起来说，我们院中颇不乏生趣。

（选自《正红旗下》）

入秋时节

皇宫上面的琉璃瓦，白塔的金顶，在晴美的阳
光下闪闪发光

八月未完，九月将到，论天气，这是北京最好的时候。风
不多，也不大，而且暖中透凉，使人觉得爽快。论色彩，二八
月，乱穿衣，大家开始穿出颜色浓艳的衣裳，不再像夏天的那
么浅淡。果子全熟了，街上的大小摊子上都展览着由各地运来
的各色的果品，五光十色，打扮着北京的初秋。皇宫上面的琉
璃瓦，白塔的金顶，在晴美的阳光下闪闪发光。风少，灰土少，
正好油饰门面，发了财的铺户的匾额与门脸儿都添上新的色彩。
好玩鸟儿的人们，一夏天都用活蚂蚱什么的加意饲养，把鸟儿

喂得羽毛丰满，红是红，黄是黄，全身闪动着明润的光泽，比绸缎更美一些。

（选自《正红旗下》）

童年旧居

微风过来，树影轻移，悬空的绿槐虫便来回地打着秋千

　　院里一共有三棵树：南屋外与北屋前是两株枣树，南墙根是一株杏树。两株枣树是非常值得称赞的，当夏初开花的时候，满院都是香的，甜梭梭地那么香。等到长满了叶，它们还会招来几个叫作"花布手巾"的飞虫，红亮的翅儿，上面印着匀妥的黑斑点，极其俊俏。一入秋，我们便有枣子吃了；一直到叶子落净，在枝头上还发着几个深红的圆珠，在那儿诱惑着老鸦与小姐姐。

　　那棵杏树简直提不得。我不记得它结过杏子，而永远看见它满身都是黑红的小包包，藏着一些什么虫儿。它的叶子永远卷卷着，多毛的绿虫一躬一躬地来往，教谁都害怕。

母亲爱花，可是自从父亲死后，我们的花草只有减无加；买花自然得用钱，而为每月的水钱也少不得要打一打算盘的，我们只剩下一盆很大的粉红双瓣的夹竹桃，与四棵甜石榴。这五株花的年纪都比小姐姐还大，它们一定是看见过母亲的青春的。年纪大，它们已好似成为家中人口的一部分，每当小姐姐教给我数算家中都有谁的时候，我们必定也数上夹竹桃与甜石榴。所以，我们谁也不肯断绝了它们的清水。再说呢，这种木本的花儿都很容易养，好歹地经一点心，它们便到时候开些花。到冬天，我们把它搬到屋里来，给夹竹桃用旧纸糊一个大风帽，把叶子都套在里面，省得承受一冬的灰土。石榴入冬没有叶子，所以用不着戴纸帽，反之，我们倒教它们做一些简单易做的事情，比如教它们给拿着筷子笼与小笊篱什么的。一冬都无须浇水，我们只在涮茶壶的时候，把残茶连汁带叶地倒在盆里，据说茶叶中是有些养分的。到了"谷雨"左中，菠菜已有三尺来长的时候，我们把它们搬到院中去，到四五月间，我们总有些照眼明的红花。配上墙根的一些野花，屋瓦上一些小草，这个破院子里也多少有一些生气。及至到了中秋节，我们即使没能力到市上买些鲜果子，也会有自家园的红枣与甜石榴点染着节令。

院子的南墙外，是一家香烛店的后院，极大，为的是好晒香。那边的人，我们隔着墙不能看见，只听见一些人声。可是，在墙这边，我们能看见那边的各色的蜀菊花，与一棵大楮树，树上在夏天结满了鲜红的椹子。我们的老白猫，在夜间，总是到那边去招待朋友，它们的呼号是异常的尖锐而不客气，大概猫的交友与谈话是另有一种方法与规矩的，赶到我们呼唤它的时候，十回倒有八回它是由楮树上跳到墙头，而后再由那棵似乎专为给它作梯子用的杏树跳到地上来。在我的小小的想象里，我仿佛觉得老猫是来自个什么神秘的地域，我常幻想着我有朝一日也会随着它到"那边"去探探险。

……

我们的胡同是两头细中间宽的。很像地图上两头有活口的一个湖。胡同的圆肚里有我们六户人家和两棵大槐树。夏天，槐树的叶影遮满了地，连人家的街门都显着有点绿阴阴的。微风过来，树影轻移，悬空的绿槐虫便来回地打着秋千。在这两株大树下面，小姐姐领着我捡槐虫，编槐花，和别家小孩们玩，或吵嘴；我们不知在这里曾消磨过多少光阴，啼笑过多少回。当我呆呆地向上看着树叶的微动，我总以为它们是向我招手，要告诉我些什么怪亲密和善的言语似的。

这些个记住不记住都没大要紧的图像，并不是我有意记下来的，现在这么述说也并不费什么心力；它们是自自然然地生活在我的心里，永远那么新鲜清楚——一张旧画可以显着模糊，我这张画的颜色可是仿佛渗在我的血里，永不褪色。

（选自《小人物自述》，原载 1937 年 8 月《方舟》
第三十九期）

街门

*每逢下小雨或刮大风，我和小姐姐便在这里
玩耍*

　　我们的街门门楼是用瓦摆成了一些古钱的，到我能记事
的时候，可是，那些古钱已然都歪七扭八的，在钱眼里探出
些不十分绿的草叶来。每逢雪后，那可怜的小麻雀在白银世
界里饿着肚子，便悬在这些草梗上喙取那不丰满的草粒儿。
两扇门的破旧是不易形容得恰到好处的；大概地说，它们是
瘦透玲珑，像画中的石头那么处处有孔有缝。自然这一点也
无碍于我们天天晚上把它们关好，扣上镣吊儿，钎好插关。
并且倚上一块大石头；我们的门的观念反正是齐全的。门框
上，有许多年也没贴过对联，只在小姐姐出阁的那一年，曾

由我亲自写过一副：我自信是写得很好，可惜被母亲把上下联贴颠倒了……

门洞只有二尺多宽，每逢下小雨或刮大风，我和小姐姐便在这里玩耍。那块倚门的大石头归我专用，真不记得我在那里唱过多少次"小小子，坐门墩"。影壁是值不得一提的，它终年地老塌倒半截：渐渐地，它的砖也都被拾去另有任用，于是它也就安于矮短，到秋天还长出一两条瓜蔓儿来，像故意要点俏似的。

（选自《小人物自述》，原载 1937 年 8 月《方舟》
第三十九期）

梦的前方

正好像一看见香山，准知道碧云寺在哪儿藏着呢

清明已过了，大概是；海棠花不是都快开齐了吗？今年的节气自然是晚了一些，蝴蝶们还很弱；蜂儿可是一出世就那么挺拔，好像世界确是甜蜜可喜的。天上只有三四块不大也不笨重的白云，燕儿们给白云上钉小黑丁字玩呢。没有什么风，可是柳枝似乎故意地转摆，像逗弄着四外的绿意。田中的晴绿轻轻地上了小山，因为娇弱怕累得慌，似乎是，越高绿色越浅了些；山顶上还是些黄多于绿的纹缕呢。山腰中的树，就是不绿的也显出柔嫩来，山后的蓝天也是暖和的，不然，雁们为何唱着向那边排着队去呢？石凹藏着些怪害羞的三月兰，叶儿还赶

不上花朵大。

小山的香味只能闭着眼吸取，省得劳神去找香气的来源，你看，连去年的落叶都怪好闻的。那边有几只小白山羊，叫的声儿恰巧使欣喜不至过度，因为有些悲意。偶尔走过一只来，没长犄角就留下须的小动物，向一块大石发了会儿愣，又颠颠着俏式的小尾巴跑了。

我在山坡上晒太阳，一点思念也没有，可是自然而然地从心中滴下些诗的珠子，滴在胸中的绿海上，没有声响，只有些波纹是走不到腮上便散了的微笑；可是始终也没成功一整句。一个诗的宇宙里，连我自己好似只是诗的什么地方的一个小符号。

越晒越轻松，我体会出蝶翅是怎样的欢欣。我搂着膝，和柳枝同一律动前后左右地微动，柳枝上每一黄绿的小叶都是听着春声的小耳勺儿。有时看看天空，啊，谢谢那块白云，它的边上还有个小燕呢，小得已经快和蓝天化在一处了，像万顷蓝光中的一粒黑痣，我的心灵像要往哪儿飞似的。

远处山坡的小道，像地图上绿的省份里一条黄线。往下看，一大片麦田，地势越来越低，似乎是由山坡上往那边流动呢，直到一片暗绿的松树把它截住，很希望松林那边是个海湾。

及至我立起来，往更高处走了几步，看看，不是；那边是些看不甚清的树，树中有些低矮的村舍；一阵小风吹来极细的一声鸡叫。

春晴的远处鸡声有些悲惨，使我不晓得眼前一切是真还是虚，它是梦与真实中间的一道用声音做的金线；我顿时似乎看见了个血红的鸡冠；在心中，村舍中，或是哪儿，有只——希望是雪白的——公鸡。

我又坐下了；不，随便地躺下了。眼留着个小缝收取天上的蓝光，越看越深，越高；同时也往下落着光暖的蓝点，落在我那离心不远的眼睛上。不大一会儿；我便闭上了眼，看着心内的晴空与笑意。

我没睡去，我知道已离梦境不远，但是还听得清清楚楚小鸟的相唤与轻歌。说也奇怪，每逢到似睡非睡的时候，我才看见那块地方——不晓得一定是哪里，可是在入梦以前它老是那个样儿浮在眼前。就管它叫作梦的前方吧。

这块地方并没有多大，没有山，没有海。像一个花园，可又没有清楚的界限。差不多是个不甚规则的三角，三个尖端浸在流动的黑暗里。一角上——我永远先看见它是一片金黄与大红的花，密密层层的；没有阳光，一片红黄的后面便全是黑暗，可是黑的背景使红黄更加深厚，就好像大黑瓶上画着红牡丹，深厚得至于使美中有一点点恐怖。黑暗的背景，我明白了，使红黄的一片抱住了自己的彩色，不向四外走射一点；况且没有阳光，彩色不飞入空中，而完全贴染在地上。我老先看见这块，一看见它，其余的便不看也会知道的，正好像一看见香山，准知道碧云寺在哪儿藏着呢。

其余的两角，左边是一个斜长的土坡，满盖着灰紫的野花，在不漂亮中有些深厚的力量，或者月光能使那灰的部分多一些银色而显出点诗的灵空；但是我不记得在哪儿有个小月亮。无论怎样，我也不厌恶它。不，我爱这个似乎被霜弄暗了的紫色，像年轻的母亲穿着暗紫长袍。右边的一角是最漂亮的，一个小草房，门前有一架细蔓的月季，满开着单纯的花，全是浅粉的。

设若我的眼由左向右转，灰紫，红黄，浅粉，像是由秋看到初春，时节倒流；生命不但不是由盛而衰，反倒是以玫瑰作香色双艳的结束。

三角的中间是一片绿草，深绿，软厚，微湿；每一短叶都向上挺着，似乎是听着远处的雨声。没有一点风，没有一个飞动的小虫；一个鬼艳的小世界，活着的只有颜色。

在真实的经验中，我没见过这么个境界。可是它永远存在，在我的梦前。英格兰的深绿，苏格兰的紫草小山，德国黑林的幽晦，或者是它的祖先们，但是谁准知道呢。从赤道附近的浓艳中减去阳光，也有点像它，但是它又没有虹样的蛇与五彩的禽，算了吧，反正我认识它。

（选自《微神》，原载 1933 年 10 月 1 日《文学》

第一卷第四号）

小羊圈胡同

它不像一般的北平的胡同那样直直的

　　祁家的房子坐落在西城护国寺附近的"小羊圈"。说不定，这个地方在当初或者真是个羊圈，因为它不像一般的北平的胡同那样直直的，或略微有一两个弯儿，而是颇像一个葫芦。通到西大街去的是葫芦的嘴和脖子，很细很长，而且很脏。葫芦的嘴是那么窄小，人们若不留心细找，或向邮差打听，便很容易忽略过去。进了葫芦脖子，看见了墙根堆着的垃圾，你才敢放胆往里面走，像哥伦布看到海上有漂浮着的东西才敢更向前进那样。走了几十步，忽然眼一明，你看见了葫芦的胸：一个东西有四十步，南北有三十步长的圆圈，中间有两棵大槐树，四围有六七家人家。再往前走，又是一个小巷——葫芦的腰。

穿过"腰"，又是一块空地，比"胸"大着两三倍，这便是葫芦肚儿了。"胸"和"肚"大概就是羊圈吧？这还待历史家去考查一番，而后才能断定。

（选自《四世同堂》）

祁家小院

门外呢，两株大槐下可供孩子们玩耍

    祁家的房便是在葫芦胸里。街门朝西，斜对着一棵大槐树。在当初，祁老人选购房子的时候，房子的地位决定了他的去取。他爱这个地方。胡同口是那么狭窄不惹人注意，使他觉到安全；而葫芦胸里有六七家人家，又使他觉到温暖。门外呢，两株大槐下可供孩子们玩耍，既无车马，又有槐豆槐花与槐虫可以当作儿童的玩具。同时，地点虽是陋巷，而西通大街，背后是护国寺——每逢七八两日有庙会——买东西不算不方便。所以，他决定买下那所房。

    房子的本身可不很高明。第一，它没有格局。院子是东西长而南北短的一个长条，所以南北房不能相对；假若相对起来，院子便被挤成一条缝，而颇像轮船上房舱中间的走道了。南房两间，因此，是紧靠着街门，而北房五间面对着南院墙。两间东房是院子的东尽头；东房北边有块小空地，是厕所。南院墙外是一家老香烛店的晒佛香的场院，有几株柳树。幸而有这几株树，否则祁家的南墙外便什么也没有，倒好像是火车站上的房子，出了门便是野地了。第二，房子盖得不甚结实。除了北房的木料还说得过去，其余的简直没有值得夸赞的地方。在祁老人手里，南房的山墙与东房的后墙便塌倒过两次以上，而界墙的——都是碎砖头砌的——坍倒是每年雨季所必不能免的。院中是一墁土地，没有甬路；每逢雨季，院中的存水就能有一尺多深，出入都须打赤脚。

……在南墙根，他逐渐地给种上秋海棠，玉簪花，绣球，和虎耳草。院中间，他养着四大盆石榴，两盆夹竹桃，和许多不须费力而能开花的小植物。在南房前面，他还种了两株枣树，一株结的是大白枣，一株结的是甜酸的"莲蓬子儿"。

看着自己的房，自己的儿孙，和手植的花草，祁老人觉得自己的一世劳碌并没有虚掷。北平城是不朽之城，他的房子也是永世不朽的房子。

（选自《四世同堂》）

北平之秋

给苹果葡萄的静丽配上音乐，使人们的脚步放慢

中秋前后是北平最美丽的时候。天气正好不冷不热，昼夜的长短也划分得平匀。没有冬季从蒙古吹来的黄风，也没有伏天里挟着冰雹的暴雨。天是那么高，那么蓝，那么亮，好像是含着笑告诉北平的人们：在这些天里，大自然是不会给你们什么威胁与损害的。西山北山的蓝色都加深了一些，每天傍晚还披上各色的霞帔。

在太平年月，街上的高摊与地摊，和果店里，都陈列出只有北平人才能一一叫出名字来的水果。各种各样的葡萄，各种各样的梨，各种各样的苹果，已经叫人够看够闻够吃的了，偏

偏又加上那些又好看好闻好吃的北平特有的葫芦形的大枣，清香甜脆的小白梨，像花红那样大的白海棠，还有只供闻香儿的海棠木瓜，与通体有金星的香槟子，再配上为拜月用的，贴着金纸条的枕形西瓜，与黄的红的鸡冠花，可就使人顾不得只去享口福，而是已经辨不清哪一种香味更好闻，哪一种颜色更好看，微微的有些醉意了！

那些水果，无论是在店里或摊子上，又都摆列得那么好看，果皮上的白霜一点也没蹭掉，而都被摆成放着香气的立体的图案画，使人感到那些果贩都是些艺术家，他们会使美的东西更美一些。况且，他们还会唱呢！他们精心地把摊子摆好，而后用清脆的嗓音唱出有腔调的"果赞"："唉——一毛钱儿来耶，你就挑一堆我的小白梨儿，皮儿又嫩，水儿又甜，没有一个虫眼儿，我的小嫩白梨儿耶！"歌声在香气中颤动，给苹果葡萄的静丽配上音乐，使人们的脚步放慢，听着看着嗅着北平之秋的美丽。

同时，良乡的肥大的栗子，裹着细沙与糖蜜在路旁唰啦唰啦地炒着，连锅下的柴烟也是香的。"大酒缸"门外，雪白的葱白正拌炒着肥嫩的羊肉；一碗酒，四两肉，有两三毛钱就可以混个醉饱。高粱红的河蟹，用席篓装着，沿街叫卖，而会享受的人们会到正阳楼去用小小的木锤，轻轻敲裂那毛茸茸的蟹脚。

　　同时，在街上的"香艳的"果摊中间，还有多少个兔儿爷摊子，一层层地摆起粉面彩身，身后插着旗伞的兔儿爷——有大有小，都一样地漂亮工细，有的骑着老虎，有的坐着莲花，有的肩着剃头挑儿，有的背着鲜红的小木柜；这雕塑的小品给千千万万的儿童心中种下美的种子。

　　同时，以花为粮的丰台开始一挑一挑地往城里运送叶齐苞大的秋菊，而公园中的花匠，与爱美的艺菊家也准备给他们费了半年多的苦心与劳力所养成的奇葩异种开"菊展"。北平的菊种之多，式样之奇，足以甲天下。

　　同时，像春花一般骄傲与俊美的青年学生，从清华园，从出产莲花白酒的海甸，从东南西北城，到北海去划船；荷花久已残败，可是荷叶还给小船上的男女身上染上一些清香。

　　同时，那文化过熟的北平人，从一入八月就准备给亲友们送节礼了。街上的铺店用各式的酒瓶，各种馅子的月饼，把自己打扮得像鲜艳的新娘子；就是那不卖礼品的铺户也要凑个热闹，挂起秋节大减价的绸条，迎接北平之秋。

　　北平之秋就是人间的天堂，也许比天堂更繁荣一点呢！

（选自《四世同堂》）

果担　陈师曾 作

京郊

他们都很老实，讲礼貌，即使饿着肚子也不敢
去为非作歹

北平虽然作了几百年的"帝王之都"，它的四郊却并没有
受过多少好处。一出城，都市立刻变成了田野。城外几乎没有
什么好的道路，更没有什么工厂，而只有些菜园与不十分肥美
的田；田亩中夹着许多没有树木的坟地。在平日，这里的农家，
和其他的北方的农家一样，时常受着狂风，干旱，蝗虫的欺侮，
而一年倒有半年忍受着饥寒。一到打仗，北平的城门紧闭起来，
城外的治安便差不多完全交给农民们自行维持，而农民们便把
生死存亡都交给命运。他们，虽然有一辈子也不一定能进几次
城的，可是在心理上都自居为北平人。他们都很老实，讲礼貌，

即使饿着肚子也不敢去为非作歹。他们只受别人的欺侮，而不敢去损害别人。在他们实在没有法子维持生活的时候，才把子弟们送往城里去拉洋车，当巡警或做小生意，得些工资，补充地亩生产的不足。

（选自《四世同堂》）

可爱的夏果

当杏子还没断绝，小桃子已经歪着红嘴想取而
代之

　　在太平年月，北平的夏天是很可爱的。从十三陵的樱桃下
市到枣子稍微挂了红色，这是一段果子的历史——看吧，青杏
子连核儿还没长硬，便用拳头大的小蒲篓儿装起，和"糖稀"
一同卖给小姐与儿童们。慢慢地，杏子的核儿已变硬，而皮还
是绿的，小贩们又接二连三地喊："一大碟，好大的杏儿喽！"
这个呼声，每每教小儿女们口中馋出酸水，而老人们只好摸一
摸已经活动了的牙齿，惨笑一下。不久，挂着红色的半青半红
的"土"杏儿下了市。而吆喝的声音开始音乐化，好像果皮的
红美给了小贩们以灵感似的。而后，各种的杏子都到市上来竞

赛：有的大而深黄，有的小而红艳，有的皮儿粗而味厚，有的核子小而爽口——连核仁也是甜的。最后，那驰名的"白杏"用绵纸遮护着下了市，好像大器晚成似的结束了杏的季节。当杏子还没断绝，小桃子已经歪着红嘴想取而代之。杏子已不见了。各样的桃子，圆的，扁的，血红的，全绿的，浅绿而带一条红脊椎的，硬的，软的，大而多水的，和小而脆的，都来到北平给人们的眼，鼻，口，以享受。

红李，玉李，花红和虎拉车，相继而来。人们可以在一个担子上看到青的红的，带霜的发光的，好几种果品，而小贩得以充分地施展他的喉音，一口气吆喝出一大串儿来——"买李子耶，冰糖味儿的水果来耶；喝了水儿的，大蜜桃呀耶；脆又甜的大沙果子来耶……"

每一种果子到了熟透的时候，才有由山上下来的乡下人，背着长筐，把果子遮护得很严密，用拙笨的，简单的呼声，隔半天才喊一声：大苹果，或大蜜桃。他们卖的是真正的"自家园"的山货。他们人的样子与货品的地道，都使北平人想象到西边与北边的青山上的果园，而感到一点诗意。

梨，枣和葡萄都下来的较晚，可是它们的种类之多与品质之美，并不使它们因迟到而受北平人的冷淡。北平人是以他们的大白枣，小白梨与牛乳葡萄傲人的。看到梨枣，人们便有"一叶知秋"之感，而开始要晒一晒夹衣与拆洗棉袍了。

在最热的时节，也是北平人口福最深的时节。果子以外还有瓜呀！西瓜有多种，香瓜也有多种。西瓜虽美，可是论香味便不能不输给香瓜一步。况且，香瓜的分类好似有意地"争取民众"——那银白的，又酥又甜的"羊角蜜"假若适于文雅的仕女吃取，那硬而厚的，绿皮金黄瓤子的"三白"与"蛤蟆酥"就适于少壮的人们试一试嘴劲，而"老头儿乐"，顾名思义，是使没牙的老人们也不至向隅的。

在端阳节，有钱的人便可以尝到汤山的嫩藕了。赶到迟一点鲜藕也下市，就是不十分有钱的，也可以尝到"冰碗"了——一大碗冰，上面覆着张嫩荷叶，叶上托着鲜菱角，鲜核桃，鲜杏仁，鲜藕，与香瓜组成的香、鲜、清、冷的酒菜儿。就是那吃不起冰碗的人们，不是还可以买些菱角与鸡头来，尝一尝"鲜"吗？

假若仙人们只吃一点鲜果，而不动火食，仙人在地上的洞府应当是北平啊！

（选自《四世同堂》）

热爱夏天

从那槐花与荷塘吹过来的凉风儿，会使人精神
振起

天气是热的，可是一早一晚相当地凉爽，还可以做事。会
享受的人，屋里放上冰箱，院内搭起凉棚，他就会不受到暑气
的侵袭。假若不愿在家，他可以到北海的莲塘里去划船，或在
太庙与中山公园的老柏树下品茗或摆棋。"通俗"一点的，什
刹海畔借着柳树支起的凉棚内，也可以爽适地吃半天茶，咂几
块酸梅糕，或呷一碗八宝荷叶粥。愿意洒脱一点的，可以拿上
钓竿，到积水滩或高亮桥的西边，在河边的古柳下，做半日的
垂钓。好热闹的，听戏是好时候，天越热，戏越好，名角儿们
都唱双出。夜戏散台差不多已是深夜，凉风儿，从那槐花与荷

塘吹过来的凉风儿，会使人精神振起，而感到在戏园受四五点钟的闷气并不冤枉，于是便哼着《四郎探母》什么的高高兴兴地走回家去。

天气是热的，而人们可以躲开它！在家里，在公园里，在城外，都可以躲开它。假若愿远走几步，还可以到西山卧佛寺，碧云寺，与静宜园去住几天啊。就是在这小山上，人们碰运气还可以在野茶馆或小饭铺里遇上一位御厨，给做两样皇上喜欢吃的菜或点心。

（选自《四世同堂》）

北平的粽子

贵总是好的，谁管它好吃与否呢

北平的卖粽子的有好几个宗派："稻香村"卖的广东粽子，个儿大，馅子种类多，价钱贵。这种粽子并不十分合北平人的口味，因为馅子里面硬放上火腿或脂油；北方人对糯米已经有些胆怯，再放上火腿什么的，就更害怕了。可是，这样的东西并不少卖，一来是北平人认为广东的一切都似乎带着点革命性，所以不敢公然说它不好吃，二来是它的价钱贵，送礼便显得体面——贵总是好的，谁管它好吃与否呢。

真正北平的正统的粽子是（一）北平旧式满汉饽饽铺卖的，没有任何馅子，而只用顶精美的糯米包成小，很小的，粽子；吃的时候，只撒上一点白糖。这种粽子也并不怎么好吃，可是它洁白，娇小，摆在彩色美丽的盘子里显着非常的官样。（二）还是这样的小食品，可是由沿街吆喝的卖蜂糕的带卖，而且用冰镇过。（三）也是沿街叫卖的，可是个子稍大，里面有红枣。这是最普通的粽子。

此外，另有一些乡下人，用黄米包成粽子，也许放红枣，也许不放，个儿都包得很大。这，专卖给下力的人吃，可以与黑面饼子与油条归并在一类去，而内容与形式都不足登大雅之堂的。

（选自《四世同堂》）

饽饽铺子

这里有的是字号，规矩，雅洁，与货真价实

　　这是一家老铺子，门外还悬着"满汉饽饽""进贡细点"等等的金字红牌子。铺子里面，极干净，极雅致的，只有几口大朱红木箱，装着各色点心。墙上没有别的东西，只有已经黄暗了的大幅壁画，画的是《三国》与《红楼梦》中的故事。瑞宣爱这种铺子，屋中充满了温柔的糖与蛋糕，还有微微的一点奶油的气味，使人闻着心里舒服安静。屋中的光线相当的暗，可是刚一走近柜台，就有头永远剃的顶光，脸永远洗得极亮的店伙，安静的，含笑的，迎了上来，用极温和的低声问："您买什么？"

　　这里没有油饰得花花绿绿的玻璃柜，没有颜色刺目的罐头与纸盒，没有一边开着玩笑一边做生意的店伙，没有五光十色的"大减价"与"二周年纪念"的纸条子。这里有的是字号，规矩，雅洁，与货真价实。这是真正北平的铺店，充分和北平的文化相配备。

（选自《四世同堂》）

太庙

据说，这里的灰鹤是皇帝饲养着的，在这里已
有许多年代

太庙自从辟为公园，始终没有像中山公园那么热闹过。它只有原来的古柏大殿，而缺乏着别的花木亭榭。北平人多数是喜欢热闹的，而这里太幽静。现在，已是冬天，这里的游人就更少了。瑞宣来到，大门外虽然已经挂起五色旗与日本旗，并且贴上了许多标语，可是里外都清锅冷灶的，几乎看不到一个人。他慢慢地往园内走，把帽子拉到眉边，省得教熟人认出他来。

他看见了老柏上的有名的灰鹤。两只，都在树顶上立着呢。他立定，呆呆地看着它们。从前，他记得，他曾带着小顺儿，

特意来看它们，可是没有看到。今天，无意中地看到，他仿佛是被它们吸住了，不能再动。据说，这里的灰鹤是皇帝饲养着的，在这里已有许多年代。瑞宣不晓得一只鹤能活多少年，是否这两只曾经见过皇帝。他只觉得它们，在日本人占领了北平之后，还在这里活着，有些不大对。它们的羽毛是那么光洁，姿态是那么俊逸，再配上那红的墙，绿的柏，与金瓦的宫殿，真是仙境中的仙鸟。

（选自《四世同堂》）

漫步西直门外河岸

河南边的莲塘只剩了些干枯到能发出轻响的荷叶

河仅仅离城门有一里来地，可是河岸上极清静，连个走路的人也没有。岸上的老柳树已把叶子落净，在秋阳中微摆着长长的柳枝。河南边的莲塘只剩了些干枯到能发出轻响的荷叶，塘中心静静地立着一只白鹭。鱼塘里水还不少，河身可是已经很浅，只有一股清水慢慢地在河心流动，冲动着一穗穗的长而深绿的水藻。河坡还是湿润的，这里那里偶尔有个半露在泥外的田螺，也没有小孩们来挖它们。秋给北平的城郊带来萧瑟，使它变成触目都是秋色，一点也不像一个大都市的外围了。

（选自《四世同堂》）

寒冬

天空发出了响声，像一群疾行的鬼打着胡哨

刮了一夜的狂风。那几乎不是风，而是要一下子便把地面的一切扫净了的灾患。天在日落的时候已变成很厚很低很黄，一阵阵深黄色的"沙云"在上面流动，发出使人颤抖的冷气。日落了，昏黄的天空变成黑的，很黑，黑得可怕。高处的路灯像矮了好些，灯光在颤抖。上面的沙云由流动变为飞驰，天空发出了响声，像一群疾行的鬼打着胡哨。树枝儿开始摆动。远处的车声与叫卖声忽然地来到，又忽然地走开。星露出一两个来，又忽然地藏起来。一切静寂。忽然地，门，窗，树木，一齐响起来，风由上面，由侧面，由下面，带着将被杀的猪的狂叫，带着黄沙黑土与鸡毛破纸，扫袭着空中与地上。灯灭了，窗户打开，墙在颤，一切都混乱，动摇，天要落下来，地要翻上去。人的心都缩紧，盆水立刻浮了一层冰。北平仿佛失去了坚厚的城墙，而与荒沙大漠打成了一片。世界上只有飞沙与寒气的狂舞，人失去控制自然的力量，连猛犬也不敢叫一声。

一阵刮过去，一切都安静下来。灯明了，树枝由疯狂地鞠躬改为缓和地摆动。天上露出几颗白亮的星来。可是，人们刚要喘一口气，天地又被风连接起，像一座没有水的，没有边沿的，风海。

电车很早地停开，洋车夫饿着肚子空着手收了车，铺户上了板子，路上没了行人。北平像风海里的一个黑暗无声的孤岛。

（选自《四世同堂》）

曾经的北海

新春的太阳还不十分暖，可是一片晴光增加了
大家心中的与身上的热力

　　到十二点，北海已装满了人。新春的太阳还不十分暖，可是一片晴光增加了大家心中的与身上的热力。"海"上的坚冰微微有些细碎的麻坑，把积下的黄土都弄湿，发出些亮的光来。背阴的地方还有些积雪，也被暖气给弄出许多小坑，像些酒窝儿似的。除了松柏，树上没有一个叶子，而树枝却像柔软了许多，轻轻地在湖边上，山石旁，摆动着。天很高很亮，浅蓝的一片，处处像落着小小的金星。这亮光使白玉石的桥栏更洁白了一些，黄的绿的琉璃瓦与建筑物上的各种颜色都更深，更分

明，像刚刚画好的彩画。小白塔上的金顶发着照眼的金光，把海中全部的美丽仿佛要都带到天上去。

（选自《四世同堂》）

出德胜门

在大车与洋车之间，走着身子瘦而鸣声还有相当声势的驴

到了德胜门门脸儿，晨光才照亮了城楼。这里，是北平的最不体面的地方：没有光亮的柏油路，没有金匾，大玻璃窗的铺户，没有汽车。它的马路上的石子都七上八下地露着尖儿，一疙疸一块地好像长了冻疮。石子尖角上往往顶着一点冰，或一点白霜。这些寒冷的棱角，教人觉得连马路仿佛都削瘦了好些。它的车辆，只有笨重的，破旧的，由乡下人赶着的大敞车，走得不快，而西嘟哗喇地乱响。就是这里的洋车也没有什么漂亮的，它们都是些破旧的，一阵风似乎能吹散的，只为拉东西，而不大拉人的老古董。在大车与洋车

之间，走着身子瘦而鸣声还有相当声势的驴，与仿佛久已讨厌了生命，而还不能不勉强，于是也就只好极慢极慢地走着路的骆驼。这些风光，凑在一处，便把那伟大的城楼也连累得失去了尊严壮丽，而显得衰老，荒凉，甚至于有点悲苦。在这里，人们不会想起这是能培养得出梅兰芳博士，发动了五四运动，产生能在冬天还咽咽地鸣叫的翠绿的蝈蝈的地方，而是一眼就看到了那荒凉的，贫窭的，铺满黄土的乡间。这是城市与乡间紧紧相连的地区；假若北平是一匹骏马，这却是它的一条又长又寒碜的尾巴。

虽然如此，阳光一射到城楼上，一切的东西仿佛都有了精神。驴扬起脖子鸣唤，骆驼脖子上的白霜发出了光，连那路上的带着冰的石子都亮了些。一切还都破旧衰老，可是一切都被阳光照得有了力量，有了显明的轮廓，色彩，作用，与生命。北平像无论怎么衰老多病，可也不会死去似的。

（选自《四世同堂》）

83

京郊人家

从远处就可以看到屋顶上晒着的金黄色的玉米
和几串红艳辣椒

他的心中已看见了常二爷的住处：门前有一个小小的，长长的，亮亮的，场院；左边有两棵柳树，树下有一盘石磨；短短的篱笆只有一人来高，所以从远处就可以看到屋顶上晒着的金黄色的玉米和几串红艳辣椒。他也想象到常二爷屋中的样子，不单是样子，而且闻到那无所不在的柴烟味道，不十分好闻，可是令人感到温暖。在那屋中，最温暖的当然是常二爷的语声与笑声。

（选自《四世同堂》）

一个夏天的早晨

天上已没有了白鸽，老人们已失去他们的心爱
的鸟

或者只有北平，才会有这样的夏天的早晨：清凉的空气里
斜射着亮而喜悦的阳光，到处黑白分的光是光，影是影。空气
凉，阳光热，接触到一处，凉的刚刚要暖，热的刚掺上一点凉；
在凉暖未调匀净之中，花儿吐出蕊，叶儿上闪着露光。

就连小羊圈这块不很体面的小地方，也有它美好的画面：
两株老槐的下半还遮在影子里，叶子是暗绿的；树的梢头已见
到阳光，那些浅黄的花朵变为金黄的。嫩绿的槐虫，在细白的
一根丝上悬着，丝的上半截发着白亮的光。晓风吹动，丝也左

85

右颤动，像是晨光曲的一根琴弦。阳光先照到李四爷的门上。那矮矮的门楼已不甚整齐，砖瓦的缝隙中长出细长的几根青草；一有了阳光，这破门楼上也有了光明，那发亮的青草居然也有点生意。

几只燕子在树梢上翻来覆去地飞，像黑的电光那么一闪一闪的。蜻蜓们也飞得相当的高：忽然一只血红的，看一眼树头的槐花便钻入蓝的天空；忽然一只背负一块翡翠的，只在李四爷的门楼上的青草一逗便掉头而去。

放在太平年月，这样的天光，必使北平的老人们，在梳洗之后，提着装有"靛颏"或"自自黑"的鸟笼，到城外去，沿着柳岸或苇塘，找个野茶馆喝茶解闷。它会使爱鸽子的人们，放起几十只花鸽，在蓝天上旋舞。它也会使钓者很早地便出了城，找个僻静地方消遣一天。就是不出城远行的，也会租一只小船，在北海去摇桨，或到中山公园的老柏下散步。

今天，北平人可已顾不得扬头看一看天，那飞舞着的小燕与蜻蜓的天；饥饿的黑影遮住了人们的眼。天上已没有了白鸽，老人们已失去他们的心爱的鸟；人们还没有粮，谁还养得起鸟与鸽子。是的，有水的地方，还有垂钓与荡桨的；可是，他们是日本人；空着肚子的中国人已没有了消遣的闲心。北平像半瘫在晴美的夏晨中。

（选自《四世同堂》）

小院之夏

乌鸦，背上带着霞光，缓缓地由城外飞回

　　多么晴美的夏天晚上啊。在往年，这是祁老人最快乐的一段时间。到五点多钟，斜阳使西墙给院里铺上阴影，枣树上半大的绿枣都带着点金光，像一颗颗的宝石。祁老人必灌几壶水，把有阴凉儿的地方喷湿，好使大家有个湿润凉爽的地点吃晚饭。饭后，老人必浇一浇花，好使夜来香之类的花草放出香味，把长鼻子的蜂子招来，在花朵外颤动着翅儿，像一些会动的薄纱。蜻蜓，各种颜色的蜻蜓，在屋檐那溜儿飞旋，冲破了蚊阵。蝙蝠们逐渐地飞出来，黑黑的像些菱角，招得孩子们把鞋扔上去，希望能扣住一个大菱角。乌鸦，背上带着霞光，缓缓地由城外飞回，落在南墙外的大树上。小燕们一排排地落在电线上，静静地休息飞了一天的翅膀。天上发过一阵红之后便慢慢灰暗起来，小小的凉风吹来，吹出一阵强烈的花香。这时候，孩子们说了一天的废话的小嘴，已经不大爱张开，而请求老人给他们说故事。老人的故事还没说完，他们已闭上了眼，去看梦里的各色的小鱼与香瓜。

（选自《四世同堂》）

真正的寒冬

虽然人们都知道将有狂风冰雪，可是并不因此
而减少了生趣

　　一阵冷飕飕的西北风使多少万北平人颤抖。

　　在往年，这季节，北平城里必有多少处菊花展览；多少大
学中学的男女学生到西山或居庸关，十三陵，去旅行；就是小
学的儿童也要到万牲园去看看猴子与长鼻子的大象。诗人们要
载酒登高，或到郊外去欣赏红叶。秋，在太平年月，给人们带
来繁露晨霜与桂香明月；虽然人们都知道将有狂风冰雪，可是
并不因此而减少了生趣；反之，大家却希望，并且准备，去享
受冬天的围炉闲话，嚼着甜脆的萝卜或冰糖葫芦。

　　现在，西北风，秋的先锋，业已吹来，而没有人敢到城外

去游览；西山北山还时常发出炮声。即使没有炮声，人们也顾不得去看霜林红叶，或去登高赋诗，他们的肚子空，身上冷。他们只知道一夜的狂风便会忽然入冬，冬将是他们的行刑者，把他们冻僵。

（选自《四世同堂》）

春来北平

忽然传来了比春风还要温暖的消息，使所有的
北平人都忘掉了一冬来的饥寒

　　乍起的春风，还没拿定主意到底该怎么个刮法。它，忽而冷得像冰，把墙头上的雪一扫而光；忽而又暖烘烘的，带来了湿润的空气，春天的彩云。古老城墙头上的积雪也开始融化，雪水渗进城墙缝里。墙根下有了生机。浅绿的小嫩草芽儿，已经露了头。白塔的金刹顶，故宫的黄琉璃瓦，都在春天的阳光下闪闪发光。可是，忽然间又来了冰冻，叫人想起寒冷的隆冬。

　　……

春天终于站稳了脚跟。冰雪融化了，勇敢的蜜蜂嗡嗡地在空中飞翔。

（选自《四世同堂》）

祥子的北平

眼前的一切都是熟习的，可爱的

看见了人马的忙乱，听见了复杂刺耳的声音，闻见了干臭的味道，踏上了细软污浊的灰土，祥子想趴下去吻一吻那个灰臭的地，可爱的地，生长洋钱的地！没有父母兄弟，没有本家亲戚，他的唯一的朋友是这座古城。这座城给了他一切，就是在这里饿着也比乡下可爱，这里有的看，有的听，到处是光色，到处是声音；自己只要卖力气，这里还有数不清的钱，吃不尽穿不完的万样好东西。在这里，要饭也能要到荤汤腊水的，乡下只有棒子面。才到高亮桥西边，他坐在河岸上，落了几点热泪！

太阳平西了，河上的老柳歪歪着，梢头挂着点金光。河里没有多少水，可是长着不少的绿藻，像一条油腻的长绿的带子，窄长，深绿，发出些微腥的潮味。河岸北的麦子已吐了芒，矮小枯干，叶上落了一层灰土。河南的荷塘的绿叶细小无力地浮在水面上，叶子左右时时冒起些细碎的小水泡。东边的桥上，来往的人与车过来过去，在斜阳中特别显着匆忙，仿佛都感到暮色将近的一种不安。这些，在祥子的眼中耳中都非常地有趣与可爱。只有这样的小河仿佛才能算是河；这样的树，麦子，荷叶，桥梁，才能算是树，麦子，荷叶，与桥梁。因为它们都属于北平。

坐在那里，他不忙了。眼前的一切都是熟习的，可爱的，就是坐着死去，他仿佛也很乐意。

（选自《骆驼祥子》）

白塔寺　况晗 作

小雪中的长安街

此时此地，令人感到北平仿佛并没有居民，直
是一片琼宫玉宇

　　祭灶那天下午，溜溜的东风带来一天黑云。天气忽然暖了
一些。到快掌灯的时候，风更小了些，天上落着稀疏的雪花，
卖糖瓜的都着了急，天暖，再加上雪花，大家一劲儿往糖上撒
白土子，还怕都粘在一处。雪花落了不多，变成了小雪粒，刷
刷地轻响，落白了地。七点以后，铺户与人家开始祭灶，香光
炮影之中夹着密密的小雪，热闹中带出点阴森的气象。街上的
人都显出点惊急的样子，步行的，坐车的，都急于回家祭神，
可是地上湿滑，又不敢放开步走。卖糖的小贩急于把应节的货
物措出去，上气不接下气的喊叫，听着怪震心的。

大概有九点钟了……过了西单牌楼那一段热闹街市，往东入了长安街，人马渐渐稀少起来。坦平的柏油马路上铺着一层薄雪，被街灯照得有点闪眼。偶尔过来辆汽车，灯光远射，小雪粒在灯光里带着点黄亮，像洒着万颗金砂。快到新华门那一带，路本来极宽，加上薄雪，更教人眼宽神爽，而且一切都仿佛更严肃了些。"长安牌楼"，新华门的门楼，南海的红墙，都戴上了素冠，配着朱柱红墙，静静地在灯光下展示着故都的尊严。此时此地，令人感到北平仿佛并没有居民，直是一片琼宫玉宇，只有些老松默默地接着雪花。

（选自《骆驼祥子》）

京郊的清晨

在天的东南角织成一部极伟大光华的蛛网

灰天上透出些红色，地与远树显着更黑了；红色渐渐地与灰色融调起来，有的地方成为灰紫的，有的地方特别地红，而大部分的天色是葡萄灰的。又待了一会儿，红中透出明亮的金黄来，各种颜色都露出些光；忽然，一切东西都非常地清楚了。跟着，东方的早霞变成一片深红，头上的天显出蓝色。红霞碎开，金光一道一道地射出，横的是霞，直的是光，在天的东南角织成一部极伟大光华的蛛网：绿的田，树，野草，都由暗绿变为发光的翡翠。老松的干上染上了金红，飞鸟的翅儿闪起金光，一切的东西都带出笑意。

（选自《骆驼祥子》）

春到人间

把苦人们仿佛都交给了春风与春光！

春已有了消息，树枝上的鳞苞已显着红肥。但在这个大杂院里，春并不先到枝头上，这里没有一棵花木。在这里，春风先把院中那块冰吹得起了些小麻子坑儿，从秽土中吹出一些腥膻的气味，把鸡毛蒜皮与碎纸吹到墙角，打着小小的旋风。杂院里的人们，四时都有苦恼。那老人们现在才敢出来晒晒暖；年轻的姑娘们到现在才把鼻尖上的煤污减去一点，露出点红黄的皮肤来；那些妇女们才敢不甚惭愧地把孩子们赶到院中去玩玩；那些小孩子们才敢扯着张破纸当风筝，随意地在院中跑，而不至把小黑手儿冻得裂开几道口子。但是，粥厂停了锅，放赈的停了米，行善的停止了放钱；把苦人们仿佛都交给了春风

100

与春光！正是春麦刚绿如小草，陈粮缺欠的时候，粮米照例地涨了价钱。天又加长，连老人们也不能老早地就躺下，去用梦欺骗着饥肠。春到了人间，在这大杂院里只增多了困难。长老了的虱子——特别的厉害——有时爬到老人或小儿的棉花疙疸外，领略一点春光！

（选自《骆驼祥子》）

暴雨来了

那半天没有动作的柳条像猛地得到什么可喜
的事

看看路旁的柳枝，的确是微微地动了两下。街上突然加多
了人，铺户中的人争着往外跑，都攥着把蒲扇遮着头，四下里
找："有了凉风！有了凉风！凉风下来了！"大家几乎要跳起
来嚷着。路旁的柳树忽然变成了天使似的，传达着上天的消息：
"柳条儿动了！老天爷，多赏点凉风吧！"

还是热，心里可镇定多了。凉风——即使是一点点——
给了人们许多希望。几阵凉风过去，阳光不那么强了，一阵亮，
一阵稍暗，仿佛有片飞沙在上面浮动似的。风忽然大起来，
那半天没有动作的柳条像猛地得到什么可喜的事，飘洒地摇

摆，枝条都像长出一截儿来。一阵风过去，天暗起来，灰尘全飞到半空。尘土落下一些，北面的天边见了墨似的乌云……

车夫急着上雨布，铺户忙着收幌子，小贩们慌手忙脚地收拾摊子，行路的加紧往前奔。又一阵风。风过去，街上的幌子，小摊，与行人，仿佛都被风卷了走，全不见了，只剩下柳枝随着风狂舞。

云还没铺满了天，地上已经很黑，极亮极热的晴午忽然变成黑夜了似的。风带着雨星，像在地上寻找什么似的，东一头西一头地乱撞。北边远处一个红闪，像把黑云掀开一块，露出一大片血似的。风小了，可是利飕有劲，使人颤抖。一阵这样的风过去，一切都不知怎好似的，连柳树都惊疑不定地等着点什么。又一个闪，正在头上，白亮亮的雨点紧跟着落下来，极硬地砸起许多尘土，土里微带着雨气……雨点停了，黑云铺匀了满天。又一阵风，比以前的更厉害，柳枝横着飞，尘土往四下里走，雨道往下落；风，土，雨，混在一处，连成一片，横着竖着都灰茫茫，冷飕飕，一切的东西都被裹在里面，辨不清哪是树，哪是地，哪是云，四面八方全乱，全响，全迷糊。风过去了，只剩下直的雨道，扯天扯地地垂落，看不清一条条的，只是那么一片，一阵，地上射起了无数的箭头，房屋上落下万千条瀑布。几分钟，天地已分不开，空中的河往下落，地上的河横流，成了一个灰暗昏黄，有时又白亮亮的，一个水世界。

（选自《骆驼祥子》）

晴美的冬天

一片声音，万种生活，都覆在晴爽的蓝天下面

这一天特别地晴美，蓝天上没有一点云，日光从干凉的空气中射下，使人感到一些爽快的暖气。鸡鸣犬吠，和小贩们的吆喝声，都能传达到很远，隔着街能听到些响亮清脆的声儿，像从天上落下的鹤唳。洋车都打开了布棚，车上的铜活闪着黄光。便道上骆驼缓慢稳当地走着，街心中汽车电车疾驰，地上来往着人马，天上飞着白鸽，整个的老城处处动中有静，乱得痛快，静得痛快，一片声音，万种生活，都覆在晴爽的蓝天下面，到处静静地立着树木。

（选自《骆驼祥子》）

夏初

甚至于天坛，孔庙，与雍和宫，也在严肃中微
微有些热闹

又到了朝顶进香的时节，天气暴热起来。

卖纸扇的好像都由什么地方忽然一齐钻出来，跨着箱子，箱上的串铃哗啷哗啷的引人注意。道旁，青杏已论堆儿叫卖，樱桃照眼地发红，玫瑰枣儿盆上落着成群的金蜂，玻璃粉在大瓷盆内放着层乳光，扒糕与凉粉的挑子收拾得非常地利落，摆着各样颜色的作料，人们也换上浅淡而花哨的单衣，街上突然增加了许多颜色，像多少道长虹散落在人间。清道夫们加紧地工作，不住地往道路上泼洒清水，可是轻尘依旧往起飞扬，令人烦躁。轻尘中却又有那长长的柳枝，与轻巧好动的燕子，使人又不得不觉到爽快。一种使人不知怎样好的天气，大家打着懒长的哈欠，疲倦而又痛快。

秧歌，狮子，开路，五虎棍，和其他各样的会，都陆续地往山上去。敲着锣鼓，挑着箱笼，打着杏黄旗，一当儿跟着一当儿，给全城一些异常的激动，给人们一些渺茫而又亲切的感触，给空气中留下些声响与埃尘。赴会的，看会的，都感到一些热情，虔诚，与兴奋。乱世的热闹来自迷信，愚人的安慰只有自欺。这些色彩，这些声音，满天的晴云，一街的尘土，教人们有了精神，有了事作：上山的上山，逛庙的逛庙，看花的看花……至不济的还可以在街旁看看热闹，念两声佛。

天这么一热，似乎把故都的春梦唤醒，到处可以游玩，人人想起点事做，温度催着花草果木与人间享乐一齐往上增长。南北海里的绿柳新蒲，招引来吹着口琴的少年，男男女女把小船放到柳荫下，或荡在嫩荷间，口里吹着情歌，眉眼也会接吻。公园里的牡丹芍药，邀来骚人雅士，缓步徘徊，摇着名贵的纸扇；走乏了，便在红墙前，绿松下，饮几杯足以引起闲愁的清茶，偷眼看着来往的大家闺秀与南北名花。就是那向来冷静的地方，也被和风晴日送来游人，正如送来蝴蝶。崇效寺的牡丹，陶然亭的绿苇，天然博物院的桑林与水稻，都引来人声伞影；

甚至于天坛，孔庙，与雍和宫，也在严肃中微微有些热闹。好远行的与学生们，到西山去，到温泉去，到颐和园去，去旅行，去乱跑，去采集，去在山石上乱画些字迹。寒苦的人们也有地方去，护国寺，隆福寺，白塔寺，土地庙，花儿市，都比往日热闹：各种的草花都鲜艳地摆在路旁，一两个铜板就可以把"美"带到家中去。豆汁摊上，咸菜鲜丽得像朵大花，尖端上摆着焦红的辣椒。鸡子儿正便宜，炸蛋角焦黄稀嫩地惹人咽着唾液。天桥就更火炽，新席造起的茶棚，一座挨着一座，洁白的桌布，与妖艳的歌女，遥对着天坛墙头上的老松。锣鼓的声音延长到七八小时，天气的爽燥使锣鼓特别地清脆，击乱了人心。妓女们容易打扮了，一件花洋布单衣便可以漂亮地摆出去，而且显明地露出身上的曲线。好清静的人们也有了去处，积水滩前，万寿寺外，东郊的窑坑，西郊的白石桥，都可以垂钓，小鱼时时碰得嫩苇微微地动。钓完鱼，野茶馆里的猪头肉，卤煮豆腐，白干酒与盐水豆儿，也能使人醉饱；然后提着钓竿与小鱼，沿着柳岸，踏着夕阳，从容地进入那古老的城门。

到处好玩，到处热闹，到处有声有色。夏初的一阵暴热像一道神符，使这老城处处带着魔力。它不管死亡，不管祸患，不管困苦，到时候它就施展出它的力量，把百万的人心都催眠过去，做梦似的唱着它的赞美诗。它污浊，它美丽，它衰老，它活泼，它杂乱，它安闲，它可爱，它是伟大的夏初的北平。

（选自《骆驼祥子》）

积水滩边

小鱼又结成了队，张开小口去啃一个浮着的绿叶

　　湖外的水沟里，一些小鱼，眼睛亮得像些小珠，忽聚忽散，忽来忽去；有时候头顶着一片嫩萍，有时候口中吐出一些泡沫。靠沟边，一些已长出腿的蝌蚪，直着身儿，摆动那黑而大的头。水忽然流得快一些，把小鱼与蝌蚪都冲走，尾巴歪歪着顺流而下，可是随着水也又来了一群，挣扎着想要停住。一个水蝎极快地跑过去。水流渐渐地稳定，小鱼又结成了队，张开小口去啃一个浮着的绿叶，或一段小草。稍大些的鱼藏在深处，偶尔一露背儿，忙着转身下去，给水面留下个旋涡与一些碎纹。

翠鸟像箭似的由水面上擦过去，小鱼大鱼都不见了，水上只剩下浮萍。

（选自《骆驼祥子》）

故都的排场

经济的压迫使排场去另找去路，体面当不了
饭吃

北平自从被封为故都，它的排场，手艺，吃食，言语，巡
警……已慢慢地向四外流动，去找那与天子有同样威严的人和
财力的地方去助威。那洋化的青岛也有了北平的涮羊肉；那热
闹的天津在半夜里也可以听到低悲的"硬面——饽饽"；在上
海，在汉口，在南京，也都有了说京话的巡警与差役，吃着芝
麻酱烧饼；香片茶会由南而北，在北平经过双熏再往南方去；
连抬杠的杠夫也有时坐上火车到天津或南京去抬那高官贵人的
棺材。

北平本身可是渐渐地失去原有的排场，点心铺中过了九月

九还可以买到花糕，卖元宵的也许在秋天就下了市，那二三百年的老铺户也忽然想起做周年纪念，借此好散出大减价的传单……经济的压迫使排场去另找去路，体面当不了饭吃。

不过，红白事情在大体上还保存着旧有的仪式与气派，婚丧嫁娶仿佛到底值得注意，而多少要些排场。婚丧事的执事，响器，喜轿与官罩，到底还不是任何都市所能赶上的。出殡用的松鹤松狮，纸扎的人物轿马，娶亲用的全份执事，与二十四个响器，依旧在街市上显出官派大样，使人想到那太平年代的繁华与气度。

（选自《骆驼祥子》）

北京的春节

腊八粥，关东糖，除夕的饺子，都须先去供佛，
而后人们再享用

　　按照北京的老规矩，过农历的新年（春节），差不多在腊月的初旬就开头了。"腊七腊八，冻死寒鸦"，这是一年里最冷的时候。可是，到了严冬，不久便是春天，所以人们并不因为寒冷而减少过年与迎春的热情。在腊八那天，人家里，寺观里，都熬腊八粥。这种特制的粥是祭祖祭神的，可是细一想，它倒是农业社会的一种自傲的表现——这种粥是用所有的各种的米，各种的豆，与各种的干果（杏仁、核桃仁、瓜子、荔枝肉、桂圆肉、莲子、花生米、葡萄干、菱角米……）熬成的。

这不是粥，而是小型的农产展览会。

腊八这天还要泡腊八蒜。把蒜瓣在这天放到高醋里，封起来，为过年吃饺子用的。到年底，蒜泡得色如翡翠，而醋也有了些辣味，色味双美，使人要多吃几个饺子。在北京，过年时，家家吃饺子。

从腊八起，铺户中就加紧地上年货，街上加多了货摊子——卖春联的、卖年画的、卖蜜供的、卖水仙花的等等都是只在这一季节才会出现的。这些赶年的摊子都教儿童们的心跳得特别快一些。在胡同里，吆喝的声音也比平时更多更复杂起来，其中也有仅在腊月才出现的，像卖宪书的、松枝的、薏仁米的、年糕的等等。

在有皇帝的时候，学童们到腊月十九日就不上学了，放年假一月。儿童们准备过年，差不多第一件事是买杂拌儿。这是用各种干果（花生、胶枣、榛子、栗子等）与蜜饯搀和成的，普通的带皮，高级的没有皮——例如：普通的用带皮的榛子，高级的就用榛瓤儿。儿童们喜吃这些零七八碎儿，即使没有饺子吃，也必须买杂拌儿。他们的第二件大事是买爆竹，特别是男孩子们。恐怕第三件事才是买玩意儿——风筝、空竹、口琴等——和年画儿。

儿童们忙乱，大人们也紧张。他们须预备过年吃的使的喝的一切。他们也必须给儿童赶快做新鞋新衣，好在新年时显出万象更新的气象。

　　二十三日过小年，差不多就是过新年的"彩排"。在旧社会里，这天晚上家家祭灶王，从一擦黑儿鞭炮就响起来，随着炮声把灶王的纸像焚化，美其名叫送灶王上天。在前几天，街上就有多多少少卖麦芽糖与江米糖的，糖形或为长方块或为大小瓜形。按旧日的说法：用糖粘住灶王的嘴，他到了天上就不会向玉皇报告家庭中的坏事了。现在，还有卖糖的，但是只由大家享用，并不再粘灶王的嘴了。

　　过了二十三，大家就更忙起来，新年眨眼就到了啊。在除夕以前，家家必须把春联贴好，必须大扫除一次，名曰扫房。必须把肉、鸡、鱼、青菜、年糕什么的都预备充足，至少足够吃用一个星期的——按老习惯，铺户多数关五天门，到正月初六才开张。假若不预备下几天的吃食，临时不容易补充。还有，旧社会里的老妈妈论，讲究在除夕把一切该切出来的东西都切出来，省得在正月初一到初五再动刀，动刀剪是不吉利的。这含有迷信的意思，不过它也表现了我们确是爱和平的人，在一岁之首连切菜刀都不愿动一动。

除夕真热闹。家家赶做年菜，到处是酒肉的香味。老少男女都穿起新衣，门外贴好红红的对联，屋里贴好各色的年画，哪一家都灯火通宵，不许间断，炮声日夜不绝。在外边做事的人，除非万不得已，必定赶回家来，吃团圆饭，祭祖。这一夜，除了很小的孩子，没有什么人睡觉，而都要守岁。

元旦的光景与除夕截然不同：除夕，街上挤满了人；元旦，铺户都上着板子，门前堆着昨夜燃放的爆竹纸皮，全城都在休息。

男人们在午前就出动，到亲戚家，朋友家去拜年。女人们在家中接待客人。同时，城内城外有许多寺院开放，任人游览，小贩们在庙外摆摊，卖茶、食品和各种玩具。北城外的大钟寺、西城外的白云观、南城的火神庙（厂甸）是最有名的。可是，开庙最初的两三天，并不十分热闹，因为人们还正忙着彼此贺年，无暇及此。到了初五六，庙会开始风光起来，小孩们特别热心去逛，为的是到城外看看野景，可以骑毛驴，还能买到那些新年特有的玩具。白云观外的广场上有赛轿车赛马的；在老年间，据说还有赛骆驼的。这些比赛并不争取谁第一谁第二，而是在观众面前表演骡马与骑者的美好姿态与技能。

多数的铺户在初六开张，又放鞭炮，从天亮到清早，全城的炮声不绝。虽然开了张，可是除了卖吃食与其他重要日用品的铺子，大家并不很忙，铺中的伙计们还可以轮流着去逛庙、逛天桥和听戏。

元宵（汤圆）上市，新年的高潮到了——元宵节（从正月十三到十七）。除夕是热闹的，可是没有月光；元宵节呢，恰好是明月当空。元旦是体面的，家家门前贴着鲜红的春联，人们穿着新衣裳，可是它还不够美。元宵节，处处悬灯结彩，整条的大街像是办喜事，火炽而美丽。有名的老铺都要挂出几百盏灯来，有的一律是玻璃的，有的清一色是牛角的，有的都是纱灯；有的各形各色，有的通通彩绘全部《红楼梦》或《水浒传》故事。这，在当年，也就是一种广告；灯一悬起，任何人都可以进到铺中参观；晚间灯中都点上烛，观者就更多。这广告可不庸俗。干果店在灯节还要作一批杂拌儿生意，所以每每独出心裁的，制成各样的冰灯，或用麦苗做成一两条碧绿的长龙，把顾客招来。

除了悬灯，广场上还放花盒。在城隍庙里并且燃起火判，火舌由判官的泥像的口、耳、鼻、眼中伸吐出来。公园里放起天灯，像巨星似的飞到天空。

男男女女都出来踏月、看灯、看焰火；街上的人拥挤不动。

在旧社会里，女人们轻易不出门，她们可以在灯节里得到些自由。

小孩子们买各种花炮燃放，即使不跑到街上去淘气，在家中也照样能有声有光地玩耍。家中也有灯：走马灯——原始的电影——宫灯、各形各色的纸灯，还有纱灯，里面有小铃，到时候就叮叮地响。大家还必须吃汤圆呀。这的确是美好快乐的日子。

一眨眼，到了残灯末庙，学生该去上学，大人又去照常做事，新年在正月十九结束了。腊月和正月，在农村社会里正是大家最闲的时候，而猪牛羊等也正长成，所以大家要杀猪宰羊，酬劳一年的辛苦。过了灯节，天气转暖，大家就又去忙着干活了。北京虽是城市，可是它也跟着农村社会一齐过年，而且过得分外热闹。

在旧社会里，过年是与迷信分不开的。腊八粥，关东糖，除夕的饺子，都须先去供佛，而后人们再享用。除夕要接神；大年初二要祭财神，吃元宝汤（馄饨），而且有的人要到财神庙去借纸元宝，抢烧头股香。正月初八要给老人们顺星、祈寿。因此那时候最大的一笔浪费是买香蜡纸马的钱。现在，大家都不迷信了，也就省下这笔开销，用到有用的地方去。特别值得提到的是现在的儿童只快活地过年，而不受那迷信的熏染，他们只有快乐，而没有恐惧——怕神怕鬼。也许，现在过年没有以前那么热闹了，可是多么清醒健康呢。以前，人们过年是托神鬼的庇佑，现在是大家劳动终岁，大家也应当快乐的过年。

（原载 1951 年 1 月《新观察》第二卷第二期）

想北平

哼，美国的橘子包着纸；遇到北平的带霜儿的
玉李，还不愧杀！

设若让我写一本小说，以北平作背景，我不至于害怕，因
为我可以捡着我知道的写，而躲开我所不知道的。让我单摆浮
搁地讲一套北平，我没办法。北平的地方那么大，事情那么多，
我知道的真觉太少了，虽然我生在那里，一直到廿七岁才离开。
以名胜说，我没到过陶然亭，这多可笑！以此类推，我所知道
的那点只是"我的北平"，而我的北平大概等于牛的一毛。可是，
我真爱北平。这个爱几乎是要说而说不出的。我爱我的母亲。
怎样爱？我说不出。在我想做一件事讨她老人家喜欢的时候，
我独自微微地笑着；在我想到她的健康而不放心的时候，我欲

落泪。言语是不够表现我的心情的，只有独自微笑或落泪才足以把内心揭露在外面一些来。我之爱北平也近乎这个。夸奖这个古城的某一点是容易的，可是这就把北平看得太小了。我所爱的北平不是枝枝节节的一些什么，而是整个与我的心灵相黏合的一段历史，一大块地方，多少风景名胜，从雨后什刹海的蜻蜓一直到我梦里的玉泉山的塔影，都积凑到一块，每一小的事件中有个我，我的每一思念中有个北平，这只有说不出而已。

真愿成为诗人，把一切好听好看的字都浸在自己的心血里，像杜鹃似的啼出北平的俊伟。啊！我不是诗人！我将永远道不出我的爱，一种像由音乐与图画所引起的爱。这不但是辜负了北平，也对不住我自己，因为我的最初的知识与印象都得自北平，它是在我的血里，我的性格与脾气里有许多地方是这古城所赐给的。我不能爱上海与天津，因为我心中有个北平。可是我说不出来！伦敦，巴黎，罗马与堪司坦丁堡（今伊斯坦布尔），曾被称为欧洲的四大"历史的都城"。我知道一些伦敦的情形；巴黎与罗马只是到过而已；堪司坦丁堡根本没有去过。就伦敦，巴黎，罗马来说，巴黎更近似北平——虽然"近似"两字要拉扯得很远——不过，假使让我"家住巴黎"，我一定会和没有家一样地感到寂苦。巴黎，据我看，还太热闹。自然，那里也有空旷静寂的地方，可是又未免太旷；不像北平那样既复杂而又有个边际，使我能摸着——那长着红酸枣的老城墙！面向着积水潭，背后是城墙，坐在石上看水中的小蝌蚪或苇叶上的嫩蜻蜓，我可以快乐地坐一天，心中完全安适，无所求也无可怕，像小儿安睡在摇篮里。是的，北平也有热闹的地方，但是它和太极拳相似，动中有静。巴黎有许多地方使人疲乏，所以咖啡与酒是必要的，以便刺激；在北平，有温和的香片茶就够了。

论说巴黎的布置已比伦敦罗马匀调的多了，可是比上北平还差点事儿。北平在人为之中显出自然，几乎是什么地方既不挤得慌，又不太僻静：最小的胡同里的房子也有院子与树；最空旷的地方也离买卖街与住宅区不远。这种分配法可以算——在我的经验中——天下第一了。北平的好处不在处处设备得完全，而在它处处有空儿，可以使人自由地喘气；不在有好些美丽的建筑，而在建筑的四周都有空闲的地方，使它们成为美景。每一个城楼，每一个牌楼，都可以从老远就看见。况且在街上还可以看见北山与西山呢！

好学的，爱古物的，人们自然喜欢北平，因为这里书多古物多。我不好学，也没钱买古物。对于物质上，我却喜爱北平的花多菜多果子多。花草是费钱的玩意，可是此地的"草花儿"

很便宜，而且家家有院子，可以花不多的钱而种一院子花，即使算不了什么，可是到底可爱呀。墙上的牵牛，墙根的靠山竹与草茉莉，是多么省钱省事而也足以招来蝴蝶呀！至于青菜，白菜，扁豆，毛豆角，黄瓜，菠菜，等等，大多数是直接由城外担来而送到家门口的。雨后，韭菜叶上还往往带着雨时溅起的泥点。青菜摊子上的红红绿绿几乎有诗似的美丽。果子有不少是由西山与北山来的，西山的沙果，海棠，北山的黑枣，柿子，进了城还带着一层白霜儿呀！哼，美国的橘子包着纸；遇到北平的带霜儿的玉李，还不愧杀！

是的，北平是个都城，而能有好多自己产生的花，菜，水果，这就使人更接近了自然。从它里面说，它没有像伦敦的那些成天冒烟的工厂；从外面说，它紧连着园林，菜圃与农村。采菊东篱下，在这里，确是可以悠然见南山的；大概把"南"字变个"西"或"北"，也没有多少了不得的吧。像我这样的一个贫寒的人，或者只有在北平能享受一点清福了。

好，不再说了吧；要落泪了，真想念北平呀！

（原载 1936 年 6 月 16 日《宇宙风》第十九期）

小动物们

生命仿佛是老在魔鬼与荒海的夹间儿，怎样也
不好

鸟兽们自由地生活着，未必比被人豢养着更快乐。据调查
鸟类生活的专门家说，鸟啼绝不是为使人爱听，更不是以歌唱
自娱，而是占据猎取食物的地盘的示威；鸟类的生活是非常地
艰苦。兽类的互相蚕食是更显然的。这样，看见笼中的鸟，或
柙中的虎，而替它们伤心，实在可以不必。可是，也似乎不必
替它们高兴；被人养着，也未尽舒服。生命仿佛是老在魔鬼与
荒海的夹间儿，怎样也不好。

我很爱小动物们。我的"爱"只是我自己觉得如此；到底
对被爱的有什么好处，不敢说。它们是这样受我的恩养好呢，

还是自由地活着好呢？也不敢说。把养小动物们看成一种事实，我才敢说些关于它们的话。下面的述说，那么，只是为述说而述说。

先说鸽子。我的幼时，家中很贫。说出"贫"来，为是声明我并不起鸽子；鸽子是种费钱的活玩意儿。可是，我的两位姐丈都喜欢玩鸽子，所以我知道其中的一点儿故典。我没事儿就到两家去看鸽，也不短随着姐丈们到鸽市去玩；他们都比我大着二十多岁。我的经验既是这样来的，而且是幼时的事，恐怕说得不能很完到了；有好多鸽子名已想不起来了。

鸽的名样很多。以颜色说，大概应以灰、白、黑、紫为基本色儿。可是全灰全白全黑全紫的并不值钱。全灰的是楼鸽，院中撒些米就会来一群；物是以缺者为贵，楼鸽太普罗。有一种比楼鸽小，灰色也浅一些的，才是真正的"灰"；但也并不很贵重。全白的，大概就叫"白"吧，我记不清了。全黑的叫黑儿，全紫的叫紫箭，也叫猪血。

猪血们因为羽毛单调，所以不值钱，这就容易想到值钱的必是杂色的。杂色的种类多极了，就我所知道的一并且为清楚起见——可以分作下列的四大类：点子、乌、环、玉翅。点子是白身腔，只在头上有手指肚大的一块黑，或紫；尾是

126

随着头上那个点儿，黑或紫。这叫作黑点子和紫点子。乌与点子相近，不过是头上的黑或紫延长到肩与胸部。这叫黑乌或紫乌。这种又有黑翅的或紫翅的，名铁翅乌或铜翅乌——这比单是乌又贵重一些。还有一种，只有黑头或紫头，而尾是白的，叫作黑乌头或紫乌头；比乌的价钱要贱一些。刚才说过了，乌的头部的黑或紫毛是后齐肩，前及胸的。假若黑或紫毛只是由头顶到肩部，而前面仍是白的，这便叫作老虎帽，因为很像廿年前通行的风帽；这种确是非常的好看，因而价值也就很高。在民国初年，兴了一阵子蓝乌和蓝乌头，头尾如乌，而是灰蓝色儿的。这种并不好看，出了一阵子锋头也就拉倒了。

环，简单得很：全白而项上有一黑圈者叫墨环；反之，全黑而项上有白圈者是玉环。此外有紫环，全白而项上有一紫环。"环"这种鸽似乎永远不大高贵。大概可以这么说，白尾的鸽是不易与黑尾或紫尾的相抗，因为白尾的飞起来不大美。

玉翅是白翅边的。全灰而有两白翅是灰玉翅；还有黑玉翅、紫玉翅。所谓白翅，有个讲究：翅上的白翎是左七右八。能够这样，飞起来才正好，白边儿不过宽，也不过窄。能生成就这样的，自然很少，所以鸽贩常常作假，硬插上一两根，或拔去些，是常有的事。这类中又有变种：玉翅而有白尾的，比如一只黑鸽而有左七右八的白翅翎，同时又是白尾，便叫作三块玉。灰的、紫的，也能这样。要是连头也是白的呢便叫作四块玉了。四块玉是较比有些价值的。

在这四大类之外，还有许多杂色的鸽。如鹤袖，如麻背，都有些价值，可不怎么十分名贵。在北平，差不多是以上述的四大类为主。新种随时有，也能时兴一阵，可都不如这四类重要与长远。

就这四大类说，紫的老比别的颜色高贵。紫色儿不容易长到好处，太深了就遭猪血之诮，太浅了又黄不唧的寒酸。况且还容易长"花了"呢，特别是在尾巴上，翎的末端往往露出白来，像一块癣似的，把个尾巴就毁了。

紫以下便是黑，其次为灰。可是灰色如只是一点，如灰头、灰环，便又可贵了。

这些鸽中，以点子和乌为"古典的"。它们的价值似乎永远不变，虽然普通，可是老是鸽群之主。这么说吧，飞起四十只鸽，其中有过半的点子和乌，而杂以别种，便好看。反之，则不好看。要是这四十只都是点子，或都是乌，或点子与乌，便能有顶好的阵容。你几乎不能飞四十只环或玉翅。

想想看吧：点子是全身雪白，而有个黑或紫的尾，飞起来像一群玲珑的白鸥；及至一翻身呢，那黑或紫的尾给这轻洁的白衣一个色彩深厚的裙儿，既轻妙而又厚重。假若是太阳在西边，而东方有些黑云，那就太美了：白翅在黑云下自然分外地白了；一斜身儿呢，黑尾或紫尾——最好是紫尾——迎着阳光闪起一些金光来！点子如是，乌也如是。白尾巴的，无论长得多么体面，飞起来没这种美妙，要不怎么不大值钱呢。铁翅乌或铜翅乌飞起来特别的好看，像一朵花，当中一块白，前后左右都镶着黑或紫，他使人觉得安闲舒适。可是铜翅乌几乎永远不飞，飞不起，贱的也是几十块钱一对儿吧。玩鸽子是满天飞洋钱的事儿，洋钱飞起去是不如在手里牢靠的。

可是，鸽子的讲究儿不专在飞，正如女子出头露脸不专仗着能跑五十米。它得长得俊。先说头吧，平头或峰头（峰读如凤；也许就是凤，而不是峰），便决定了身价的高低。所谓峰头或凤头的，是在头上有一撮立着的毛；平头是光葫芦。自然凤头的是更美，也更贵。峰——或凤——不许有杂毛，黑便全黑，紫便全紫，掺着白的便不够派儿。它得大，而且要像个荷包似的向里包包着。鸽贩常把峰的杂毛剔去，而且把不像荷包的收拾得像荷包。这样收拾好的峰，就怕鸽子洗澡，因为那好看的头饰是用胶粘的。

头最怕鸡头，没有脑杓儿，愣头磕脑的，不好看。头须像算盘子儿，圆忽忽的，丰满。这样的头，再加上个好峰，便是标准美了。

眼，得先说眼皮。红眼皮的如害着眼病，当然不美。所以要强的鸽子得长白眼皮。宽宽的白眼皮，使眼睛显着大而有神。眼珠也有讲究，豆眼、隔棱眼，都是要不得的。可惜我离开鸽子们已念多年，形容不上来豆眼等是什么样子了；有机会到北平去住几天，我还能把它们想起来，到鸽市去两趟就行了。

嘴也很要紧。无论长得多么体面的鸽，来个长嘴，就算完了事。要不怎么，有的鸽虽然很缺少，而总不能名贵呢；因为这种根本没有短嘴的。鸽得有短嘴！厚厚实实的，小墩子嘴，才好看。

头部以外，就得论羽毛如何了。羽毛的深浅，色的支配，都有一定的。老虎帽的帽长到何处，虎头的黑或紫毛应到胸部的何处，都不能随便。出一个好鸽与出一个美人都是历史的光荣。

身的大小，随鸽而异。羽毛单调一些的，像紫箭等，自然是越大越蠢，所以以短小玲珑为贵。像点子与乌什么的，个子大一点也不碍事。不过，嘴儿短，长得娇秀，自然不会发展得很粗大了，所以美丽的鸽往往是小个儿。

大个子的，长嘴儿的，可也有用处。大个子的身强力壮翅子硬，能飞，能尾上戴鸽铃，所以它们是空中的主力军。别的鸽子好看，可供地上玩赏；这些老粗儿们是飞起来才见本事，故尔也还被人爱。长翅儿也有用，孵小鸽子是它们的事：它们的嘴长，"喷"得好——小鸽不会自己吃东西，得由老鸽嘴对嘴的"喷"。再说呢，喷的时候，老的胸部羽毛便糙了；谁也不肯这么牺牲好鸽。好鸽下的蛋，总被人拿来交与丑鸽去孵，丑鸽本来不值钱，身上糙旧一点也没关系。要做鸽就得美呀，不然便很苦了。

有的丑鸽，仿佛知道自己的相貌不扬，便长点特别的本事以与美鸽竞争。有力气戴大鸽铃便是一例。可是有力气还不怎样新奇，所以有的能在空中翻跟头。会翻跟头的鸽在与朋友们一块飞起的时候，能飞着飞着便离群而翻几个跟头，然后再飞上去加入鸽群，然后又独自翻下来。这很好看，假若他是白色的，就好像由蓝空中落下一团雪来似的。这种鸽的身体很小，面貌可不见得美。他有个标志，即在项上有一小撮毛儿，倒长着。这一撮倒毛儿好像老在那儿说："你瞧，我会翻跟头！"这种鸽还有个特点，脚上有毛儿，像诸葛亮的羽扇似的。一走，便扑喳扑喳的，很有神气。不会翻跟头的可也有时候长着毛脚。这类鸽多半是全灰全白或全黑的。羽毛不佳，可是有本事呢。

为养毛脚鸽，须盖灰顶的房，不要瓦。因为瓦的棱儿往往伤了毛脚而流出血来。

哎呀！我说"先说鸽子"，已经三千多字了，还没说完！好吧，下回接着说鸽子吧，假若有人爱听。我的题目《小动物们》，似乎也有加上个"鸽"的必要了。

（原载 1935 年 3 月《人间世》第二十四期）

天堂的样子

衣食住行，在北平的秋天，是没有一项不使人
满意的

不过，秋天一定要住北平。天堂是什么样子，我不晓得，但是从我的生活经验去判断，北平之秋便是天堂。论天气，不冷不热。论吃食，苹果，梨，柿，枣，葡萄，都每样有若干种。至于北平特产的小白梨与大白海棠，恐怕就是乐园中的禁果吧，连亚当与夏娃见了，也必滴下口水来！果子而外，羊肉正肥，高粱红的螃蟹刚好下市，而良乡的栗子也香闻十里。论花草，菊花种类之多，花式之奇，可以甲天下。西山有红叶可见，北海可以划船——虽然荷花已残，荷叶可还有一片清香。衣食住

行，在北平的秋天，是没有一项不使人满意的。即使没有余钱买菊吃蟹，一两毛钱还可以爆二两羊肉，弄一小壶佛手露啊！

（选自《"住"的梦》，原载 1944 年 5 月《民主世界》第二期）

南城小杂院

房角上高高地悬着一块金字招牌 "当"

院子不大，只有四间东倒西歪的破土房。门窗都是东拼西凑的，一块是老破花格窗，一块是 "洋式" 窗子改的，另一块也许是日本式的旧拉门儿，上边有的糊着破碎不堪发了霉的旧报纸，有的干脆钉上破木板或碎席子，即或有一半块小小的破玻璃，也已被尘土、煤烟子和风沙等等给弄得不很透亮了。

北房是王家，门口摆着水缸和破木箱，一张长方桌放在从云彩缝里射出来的阳光下，上边晒着大包袱。王大妈正在生着焊活和做饭两用的小煤球炉子。东房，右边一间是丁家，屋顶上因为漏雨，盖着半领破苇席，用破砖压着，绳子拴着，檐下挂着一条旧车胎；门上挂着补了补丁的破红布门帘，门前除了一个火炉和几件破碎三轮车零件外，几乎是一无所有。左边一间是程家，门上挂着下半截已经脱落了的破竹帘子；窗户上糊着许多香烟画片；门前有一棵发育不全的小枣树，借着枣树搭起一个小小的喇叭花架子。架的下边，靠左上角有一座泥砌的柴灶。程娘子正在用捡来的柴棍儿烧火，蒸窝窝头，给疯子预备早饭。（这一带的劳动人民，大多数一天只吃两顿饭。）柴灶的后边是塌倒了的半截院墙墙角，从这里可以看见远处的房子，稀稀落落的电线杆子和一片阴沉的天空。南边中间是这个小杂院的大门，又低又窄，出来进去总得低头。大门外是一条狭窄的小巷，对面有一所高大而破旧的房子，房角上高高地悬着一块金字招牌"当"。左边中间又是一段破墙，左下是赵老头儿所住的一间屋子，门关着，门前放着泥瓦匠所用的较大工具；一条长凳，一口倒放着的破缸，缸后堆着垃圾，碎砖头。娘子的香烟摊子，出卖的茶叶和零星物品，就暂借这些地方晒着。满院子横七竖八的绳子上，晒着各家的破衣破被。脚下全是湿泥，有的地方垫着炉灰，砖头或木板。房子的墙根墙角全发了霉，生了绿苔。天上的云并没有散开，乌云在移动着，太阳一阵露出来，一阵又藏起去。

（选自《龙须沟》）

裕泰大茶馆

有两三位茶客，也不知姓名，正入神地欣赏瓦
罐里的蟋蟀

这种大茶馆现在已经不见了。在几十年前，每城都起码
有一处。这里卖茶，也卖简单的点心与菜饭。玩鸟的人们，
每天在遛够了画眉、黄鸟等之后，要到这里歇歇腿，喝喝茶，
并使鸟儿表演歌唱。商议事情的，说媒拉纤的，也到这里来。
那年月，时常有打群架的，但是总会有朋友出头给双方调解；
三五十口子打手，经调人东说西说，便都喝碗茶，吃碗烂肉
面（大茶馆特殊的食品，价钱便宜，做起来快当），就可以
化干戈为玉帛了。总之，这是当日非常重要的地方，有事无
事都可以来坐半天。

在这里，可以听到最荒唐的新闻……也可以看到某人新得到的奇珍——一个出土的玉扇坠儿，或三彩的鼻烟壶。这真是个重要的地方，简直可以算作文化交流的所在。我们现在就要看见这样的一座茶馆。

一进门是柜台与炉灶……屋子非常高大，摆着长桌与方桌，长凳与小凳，都是茶座儿。隔窗可见后院，高搭着凉棚，棚下也有茶座儿。屋里和凉棚下都有挂鸟笼的地方……

有两位茶客，不知姓名，正眯着眼，摇着头，拍板低唱。有两三位茶客，也不知姓名，正入神地欣赏瓦罐里的蟋蟀。两位穿灰色大衫的，宋恩子与吴祥子，正低声地谈话，看样子他们是北衙门的办案的（侦缉）。

今天又有一起打群架的，据说是为了争一只家鸽，惹起非用武力解决不可的纠纷。假若真打起来，非出人命不可，因为被约的打手中包括着善扑营的哥儿们和库兵，身手都十分厉害。好在，不能真打起来，因为在双方还没把打手约齐，已有人出面调停了——现在双方在这里会面。三三两两的打手，都横眉立目，短打扮，随时进来，往后院去。

（选自《茶馆》）

138

玩鸟　陈师曾　作

搬到哪儿

大家似乎都以为有搬家的必要，而且必搬到北平

今年暑后，我辞去教职，专心写作。并非看卖文是件甜事，而是只有此路可走，其余的路一概不通。

粗粗的看来，写家是满有自由的，山南海北无处不可安身。事实上一点也不这么样。我解去学校的事，马上就开了家庭会议：上哪儿去住呢？这个会议至今还没闭会，因为始终没有妥当的办法。

青岛的生活程度高，比北平——我在北平住过廿多年——要高上一倍。家庭会议的开始，大家似乎都以为有搬家的必要，而且必搬到北平。可是，一搬三穷；我没地方给全家找"免票"去，况且就是有人自动地送来，我也不肯用；我很佩服别人善

用"免票"，而我自己是我自己。

可是，路费事小，日常开销事大；搬到了北平，每月用度可以省去一半，岂不还是上算着许多？

于是家庭会议派我做代表，上北平看看；我有整二年没回去了。在北平住了一星期，赶紧回来了。报告如下：北平的确是方便，而且便宜。但是正因其如此所以花钱才更多。车便宜，所以北平的友人都仿佛没有腿。饭便宜，所以大家常吃小馆。戏便宜，所以常去买票。东西便宜，所以多买。并不少花钱，可是便宜。在青岛，平均每月看一次电影，每年看一次戏，每星期坐一次车。贵，好呀，不看不听不坐，钱照旧在口袋里。日久天长，甘于寂寞，青岛海岸也足开心，用不着花钱买乐了。再说，北平朋友很多，一块儿去洗澡，看戏，上公园，闲谈，都要费时间。既仗着写作吃饭，怎能舍得工夫？还是青岛好，安静。

但是安是静不行呀。写家得有些刺激，得去多经验，得去多找材料。还是北平好吧？

没办法！有这么个地方才妙！便宜，方便，热闹而又安静。哪儿找去呢？

（选自《归自北平》，原载 1936 年 12 月 1 日《民众日报》）

下篇

京味儿人物小传

老马先生

咳！——北京的铛铛！

老马先生的年纪至多也不过去五十，可是老故意带出颓唐的样子，好像人活到五十就应该横草不动，竖草不拿的，一天吃了睡，睡了吃；多迈一步，都似乎与理不合。他的身量比他的儿子（马威）还矮着一点，脸上可比马威富泰多了。重重的眉毛，圆圆的脸，上嘴唇上留着小月牙儿似的黑胡子，在最近的一二年来才有几根惨白的。眼睛和马威的一样，又大，又亮，又好看；永远戴着玳瑁边的大眼镜。他既不近视，又不远视，戴着大眼镜只是为叫人看着年高有威。

马则仁（这是马老先生的名字）年轻的时候在美以美会

145

的英文学校念过书。英文单字儿记得真不少，文法的定义也背得飞熟，可是考试的时候永远至多得三十五分。有时候拿着《英华字典》，把得一百分的同学拉到清静地方去："来！咱们搞搞！你问咱五十个单字，咱问你五十个，倒得领教领教您这得一百分的怎么个高明法儿！"于是把那得一百分的英雄撅得干瞪眼。他把字典在夹肢窝里一夹，嘴里哼唧着"A noun is…"把得三十五分的羞耻，算是一扫而光，雪得干干净净。

他是广州人，自幼生在北京。他永远告诉人他是北京人，直到孙中山先生的三民主义价值增高，广东国民政府的势力扩大的时候，他才在名片上印上了"广州人"三个字。

……

在欧战停了的那年，马则仁的哥哥上了英国，做贩卖古玩的生意。隔个三五个月总给兄弟寄点钱来，有时候也托他在北京给搜寻点货物。马则仁是天生来看不起买卖人的，好歹地给哥哥买几个古瓶小茶碗什么的。每次到琉璃厂去买这些东西，总绕到前门桥头都一处去喝几碗黄酒，吃一顿炸三角儿。

马先生的哥哥死在英国了，留下遗嘱教兄弟上伦敦来继续着做买卖。

......

马则仁先生是一点不含糊的"老"民族里的一个"老"分子。由这两层"老"的关系，可以断定：他一辈子不但没用过他的脑子，就是他的眼睛也没有一回钉在一件东西上看三分钟的。为什么活着？为做官！怎么能做官？先请客运动呀！为什么要娶老婆？年岁到了吗！怎么娶？先找媒人呀！娶了老婆干吗还讨姨太太？一个不够吗！……这些东西满够老民族的人们享受一辈子的了。马老先生的志愿也自然止于此。

他到英国来，真像个摸不清的梦：做买卖他不懂；不但不懂，而且向来看不起做买卖的人。发财大道是做官；做买卖，拿着血汗挣钱，没出息！不高明！俗气！一点目的没有，一点计划没有，还叼着烟袋在书房里坐着。"已到了英国，"坐腻了，忽然这么想，"马威有机会念书，将来回去做官！……咱呢？吃太平饭吧！哈哈！……"除此以外，连把窗帘打开看看到底伦敦的胡同什么样子都没看；已经到了伦敦，干什么还看，这不是多此一举吗！不但没有看一看伦敦，北京什么样儿也有点记不清了，虽然才离开了四五十天的工夫。到底四牌楼南边有个饽饽铺没有？想不起来了！哎呀，北京的饽饽也吃不着了，

147

这是怎话说的！这么一来，想家的心更重了，把别的事全忘了。咳！——北京的饽饽！

（选自《二马》）

张大哥

在天平上，麻子与近视眼恰好两相抵销，上等
婚姻

张大哥是一切人的大哥。你总以为他的父亲也得管他叫大哥；他的"大哥"味儿就这么足。

……

至于张大哥呢，长长的脸，并不驴脸瓜搭，笑意常把脸往扁处纵上些，而且颇有些四五十岁的人当有的肉。高鼻子，阴阳眼，大耳唇，无论在哪儿也是个富泰的人。打扮得也体面：藏青哗叽袍，花驼绒里，青素缎坎肩，襟前有个小袋，插着金夹子自来水笔，向来没沾过墨水；有时候拿出来，用白绸子手绢擦擦钢笔尖。提着潍县漆的金箍手杖，杖尖永没挨过地。抽

着英国银星烟斗，一边吸一边用珐蓝的洋火盒轻轻往下按烟叶。左手的四指上戴着金戒指，上刻着篆字姓名。袍子里面不穿小褂，而是一件西装的汗衫，因为最喜欢汗衫袖口那对镶着假宝石的袖扣。张大嫂给汗衫上钉上四个口袋，于是钱包，图章盒——永远不能离身，好随时往婚书上盖章——金表，全有了安放的地方，而且不易被小绺给扒了去。放假的日子，肩上有时候带着个小照相匣，可是至今还没开始照相。

没有张大哥不爱的东西，特别是灵巧的小玩意。中原公司，商务印书馆，吴彩霞南绣店，亨得利钟表行等的大减价日期，他比谁也记得准确。可是，他不买日本货。不买日货便是尽了一切爱国的责任；谁骂卖国贼，张大哥总有参加一齐骂的资格。

（选自《离婚》）

心病

做事不要太认真，交际可得广一些

　　张大哥的"心病"回了家。这块心病的另一名称是张天真。暑假寒假的前四五个星期，心病先生一定回家，他所在的学校永远没有考试——只考过一次，刚一发卷子，校长的脑袋不知怎么由项上飞起，至今没有下落。

　　天真从入小学到现在，父亲给他托过多少次人情，请过多少回客，已经无法计算。张大哥爱儿子的至诚与礼貌的周到，使托人情和请客变成一种艺术。在入小学第一年的时候，张大哥便托校长的亲戚去给报名，因为这么办官样一些，即使小学的入学测验不过是那么一回事。入学那天，他亲自领着天真拜见校长教员，连看门的校役都接了他五角钱。考中学的时候，钱花得特别地多。考了五处，都没考上，虽然五处的校长和重要的教职员都吃了他的饭，而且有两处是校长太太亲手给报的名。五处的失败使他看清——人情到底没托到家。所以在第六回投考的时候，他把教育局中学科科长恳求得直落泪，结果天真的总分数差着许多，由科长亲自到学校去给短多少补多少，于是天真很惊异地纳闷这回怎会及了格，而自己诅咒命运不佳，又得上学。入大学的时候——不，没多少人准知道天真是正式生还是旁听生；张大哥承认人情是托到了家，不然，天真怎会在大学读书？

……

张大哥对于儿子的希望不大——北平人对儿子的希望都不大——只盼他成为下得去的，有模有样的，有一官半职的，有家有室的，一个中等人。科长就稍嫌过了点劲，中学的教职员又嫌低得点；局子里的科员，税关上的办事员，县衙门的收发主任——最远的是通县——恰好不高不低的正合适。大学——不管什么样的大学——毕业，而后闹个科员，名利兼收，理想的儿子。做事不要太认真，交际可得广一些，家中有个贤内助——最好是老派家庭的，认识些个字，胖胖的，会生白胖小子。

（选自《离婚》）

北平女孩

一个热吻，生命的溪流中起了个小水花

来了，她从远处走来!

……

她像一朵半开的莲花，看着四围的风景，心里笑着，觉得一阵阵的小风都是为自己吹动的。风儿吹过去，带走自己身上一些香味，痛快，能在生命的初夏发出香味。左手夹着小蓝皮包，蓝得像一小块晴天，在自己的腋下。右手提着把小绿伞。袖只到肘际，一双藕似的胳臂。头发掩着右眼，骄慢地从发下瞭着一切。走得轻俏有力，脚大得使自己心里舒展，扁黑皮鞋，系着一道绊儿。傲慢，天真，欣喜，活泼，胖胖的，心里笑着，腮上的红色润透了不大点的一双笑涡。想着电影世界里的浪漫故事，又有点怕，又不肯怕；想着父母，头一仰，把掩着右眼的黑发——卷得像葡萄蔓上的嫩须——撩上去，就手儿把父母忘掉，甚至于有点反抗的决心。端起双肩，又爱又怕又虑又要反抗地叹了一口气，无聊，可是痛快了些。热气从红唇中逃出，似乎空虚，能脸对脸的，另有些热气吻到自己的唇上，和电影世界里的男女一个样，多么有趣！是，有趣！没有别的！一个热吻，生命的溪流中起了个小水花，不过如此，没别的。放出自己一点香味，接收一点男性的热力，至多是搂着吻一下，痛快一下，没别的。别的女友不就是这样么？小说里不是为接吻而设下绿草地与小树林么？电影里不是赤发女郎被吻过而给男人一个嘴巴么？不怕！看着自己的大脚，舒展，可爱，有力气，有什么可怕？

　　每次由学校回家的时候，总有些破学生在身后追着，破学生，袜子拧着花，一脖子泥！

（选自《离婚》）

旗人

他们的一生像做着个细巧的，明白而又有点糊涂的梦

　　二百多年积下的历史尘垢，使一般的旗人既忘了自谴，也忘了自励。我们创造了一种独具风格的生活方式：有钱的真讲究，没钱的穷讲究。生命就这么沉浮在有讲究的一汪死水里。是呀，以大姐的公公来说吧，他为官如何，和会不会冲锋陷阵，倒似乎都是次要的。他和他的亲友仿佛一致认为他应当食王禄，唱快书，和养四只靛颏儿。同样地，大姐丈不仅满意他的"满天飞元宝"，而且情愿随时为一只鸽子而牺牲了自己。是，不管他去办多么要紧的公事或私事，他的眼睛总看着天空，决不考虑可能撞倒一位老太太或自己的头

上碰个大包。他必须看着天空。万一有那么一只掉了队的鸽子，飞得很低，东张西望，分明是十分疲乏，急于找个地方休息一下。见此光景，就是身带十万火急的军令，他也得飞跑回家，放起几只鸽子，把那只自天而降的"元宝"裹了下来。能够这样俘获一只别人家的鸽子，对大姐夫来说，实在是最大最美的享受！至于因此而引起纠纷，那，他就敢拿刀动杖，舍命不舍鸽子，吓得大姐浑身颤抖。

是，他们老爷儿俩都有聪明、能力、细心，但都用在从微不足道的事物中得到享受与刺激。他们在蛐蛐罐子、鸽铃、干炸丸子等等上提高了文化，可是对天下大事一无所知。他们的一生像做着个细巧的，明白而又有点糊涂的梦。

（选自《正红旗下》）

洗三

我有时候的确和大葱一样聪明

　　白姥姥在炕上盘腿坐好，宽沿的大铜盆（二哥带来的）里倒上了槐枝艾叶熬成的苦水，冒着热气。参加典礼的老太太们、媳妇们，都先"添盆"，把一些铜钱放入盆中，并说着吉祥话儿。几个花生，几个红、白鸡蛋，也随着"连生贵子"等祝词放入水中。这些钱与东西，在最后，都归"姥姥"拿走。虽然没有去数，我可是知道落水的铜钱并不很多。正因如此，我们才不能不感谢白姥姥的降格相从，亲自出马，同时也足证明小白姥姥惹的祸大概并不小。

　　边洗边说，白姥姥把说过不知多少遍的祝词又一句不减地说出来："先洗头，做王侯；后洗腰，一辈倒比一辈高；洗洗蛋，做知县；洗洗沟，做知州！"大家听了，更加佩服白姥姥——她明知盆内的铜钱不多，而仍把吉祥话说得完完全全，不偷工减料，实在不易多得！虽然我后来既没做知县，也没做知州，我可也不能不感谢她把我的全身都洗得干干净净，可能比知县、知州更干净一些。

洗完，白姥姥又用姜片艾团灸了我的脑门和身上的各重要关节。因此，我一直到年过花甲都没闹过关节炎。她还用一块新青布，沾了些清茶，用力擦我的牙床。我就在这时节哭了起来；误投误撞，这一哭原是大吉之兆！在老妈妈们的词典中，这叫作"响盆"。有无始终坚持不哭、放弃吉利的孩子，我就不知道了。最后，白姥姥拾起一根大葱打了我三下，口中念念有词："一打聪明，二打伶俐！"这到后来也应验了，我有时候的确和大葱一样聪明。

这棵葱应当由父亲扔到房上去。就在这紧要关头，我父亲回来了。屋中的活跃是无法形容的！他一进来，大家便一齐向他道喜。他不知请了多少安，说了多少声"道谢啦！"可是眼睛始终瞭着炕中间。我是经得起父亲的鉴定的，浑身一尘不染，满是槐枝与艾叶的苦味与香气，头发虽然不多不长，却也刚刚梳过。我的啼声也很雄壮。父亲很满意，于是把褡裢中两吊多钱也给了白姥姥。

（选自《正红旗下》）

新式旗人

他渺茫地感到自己是一种史无前例的特种人物

定大爷是以开明的旗人自居的。他的祖父、父亲都做过外任官，到处拾来金银元宝，珍珠玛瑙。定大爷自己不急于做官，因为那些元宝还没有花完，他满可以从从容容地享此清福。在戊戌变法的时候，他甚至于相当同情维新派。他不像云翁与正翁那么顾虑到一变法就丢失了铁杆儿庄稼。他用不着顾虑，在他的宅院附近，半条街的房子都是他的，专靠房租，他也能舒舒服服地吃一辈子。他觉得自己非常清高，有时候他甚至想到，将来他会当和尚去，像贾宝玉似的。因此，他也轻看作生意。朋友们屡屡劝他拿点资本，帮助他们开个买卖，他总是摇头。对于李鸿章那伙兴办实业的人，他不愿表示意见，因为他既不明白实业是什么，又觉得"实业"二字颇为时髦，不便轻易否定。对了，定大爷就是这么样的一个阔少爷，时代潮浪动荡得那么厉害，连他也没法子听而不闻，没法子不改变点老旗人的顽固看法。可是，他的元宝与房产又遮住他的眼睛，使他没法子真能明白点什么。所以，他一阵儿明白，一阵儿糊涂，像个十岁左右、聪明而淘气的孩子。

……

他的官印（尊姓大名）是定禄。他有好几个号：子丰、裕斋、富臣、少甫，有时候还自称霜清老人，虽然他刚过二十岁。刚满六岁，就有三位名儒教导他，一位教满文，一位讲经史，一位教汉文诗赋。先不提宅院有多么大，光说书房就有带廊子的六大间。书房外有一座精致的小假山，霜清老人高了兴便到山巅拿个大顶。山前有牡丹池与芍药池，每到春天便长起香蒿子与兔儿草，颇为茂盛；牡丹与芍药都早被"老人"揪出来，看看离开土还能开花与否。书房东头的粉壁前，种着一片翠竹，西头儿有一株紫荆。竹与紫荆还都活着。好几位满族大员的子弟和两三位汉族富家子弟，都来此附学。他们有的中了秀才，有的得到差事，只有霜清老人才学出众，能够唱整出的《当锏卖马》（流行的京剧段子，唱的是《隋唐演义》中秦叔宝的故事），文武双全。他是有才华的。他喜欢写字，高兴便叫书童研一大海碗墨，供他写三尺大的福字与寿字，赏给他的同学们；若不高兴，他就半年也不动一次笔，所以他的字写得很有力量，只是偶然地缺少两笔，或多了一撇。他也很爱吟诗。灵感一来，他便写出一句，命令同学们补足其余。他没学会满文，也没学好汉文，可是自信只要一使劲，马上就都学会，于是暂且不忙着使劲。他也偶然地记住一二古文中的名句，如"落霞与孤鹜齐飞，秋水共长天一色"之类，随时引用，出口成章。兴之所至，他对什么学术、学说都感兴趣，对什么三教九流的人物都乐意交往。他自居为新式的旗人，既有文化，又宽宏大量。他甚至同情康、梁的维新的主张与办法。他的心地良善，只要有人肯叫"大爷"，他就肯赏银子。

他不知道他父亲比祖父更阔了一些，还是差了一些。他不知道他们给他留下多少财产。每月的收支，他只听管事的一句话。他不屑于问一切东西的价值，只要他爱，花多少钱也肯买。自幼儿，他就拿金银锞子与玛瑙翡翠作玩具，所以不知道它们是贵重物品。因此，不少和尚与道士都说他有仙根，海阔天空，悠然自得。他一看到别人为生活发愁着急，便以为必是心田狭隘，不善解脱。

他似乎记得，又似乎不大记得，他的祖辈有什么好处，有什么缺点，和怎么拾来那些元宝。他只觉得生下来便被绸缎裹着，男女仆伺候着，完全因为他的福大量大造化大。他不能不承认自己是满人，可并不过度地以此自豪，他有时候编出一些刻薄的笑话，讥诮旗人。他渺茫地感到自己是一种史无前例的特种人物，既记得几个满洲字，又会做一两句汉文诗，而且一使劲便可以成圣成佛。他没有能够取得功名，似乎也无意花钱去捐个什么官衔，他愿意无牵无挂，像行云流水那么闲适而又忙碌。

（选自《正红旗下》）

大姐夫放鸽子

"贵精不贵多呀！"他想起古人的这句名言来

　　多甫大姐夫正在院里放鸽子。他仰着头，随着鸽阵的盘旋而轻扭脖颈，眼睛紧盯着飞动的"元宝"。他的脖子有点发酸，可是"不苦不乐"，心中的喜悦难以形容。看久了，鸽子越飞越高，明朗的青天也越来越高，在鸽翅的上下左右仿佛还飞动着一些小小的金星。天是那么深远，明洁，鸽子是那么黑白分明，使他不能不微张着嘴，嘴角上挂着笑意。人、鸽子、天，似乎通了气，都爽快、高兴、快活。

　　今天，他只放起二十来只鸽子，半数以上是白身子，黑凤头，黑尾巴的"黑点子"，其余的是几只"紫点子"和两只黑头黑尾黑翅边的"铁翅乌"。阵式不大，可是配合得很有考究。

是呀，已到初秋，天高，小风儿凉爽，若是放起全白的或白尾的鸽儿，岂不显着轻飘，压不住秋景与凉风儿么？看，看那短短的黑尾，多么厚深有力啊。

看，那几条紫尾确是稍淡了一些，可是鸽子一转身或一侧身啊，尾上就发出紫羽特有的闪光呀！由全局看来，白色似乎还是过多了一些，可是那一对铁翅乌大有作用啊：中间白，四边黑，像两朵奇丽的大花！这不就使鸽阵于素净之中又不算不花哨么？有考究！真有考究！看着自己的这一盘儿鸽子，大姐夫不能不暗笑那些阔人们——他们一放就放起一百多只，什么颜色的都有，杂乱无章，叫人看着心里闹得慌！"贵精不贵多呀！"他想起古人的这句名言来。虽然想不起到底是哪一位古人说的，他可是觉得"有诗为证"，更佩服自己了。

在愉快之中，他并没忘了警惕。玩嘛，就得全心全意，一丝不苟。虽然西风还没有吹黄了多少树叶，他已不给鸽子戴上鸽铃，怕声闻九天，招来"鸦虎子"——一种秋天来到北京的鹞子，鸽子的敌人。一点不能大意，万一鸦虎子提前几天进了京呢，可怎么办？他不错眼珠地看着鸽阵，只要鸽子露出点惊慌，不从从容容地飞旋，那必是看见了敌人。他便赶紧把它们招下来，决不冒险。今天，鸽子们并没有一点不安的神气，可是他还不敢叫它们飞得过高了。鸦虎子专会在高空袭击。他打开鸽栅，放出几只老弱残兵，飞到房上。空中的鸽子很快地都抿翅降落。他的心由天上回到胸膛里。

（选自《正红旗下》）

祁老太爷

在他真发笑的时候，他的小眼放出一点点光

祁老太爷什么也不怕，只怕庆不了八十大寿。在他的壮年，他亲眼看见八国联军怎样攻进北京城。后来，他看见了清朝的皇帝怎样退位和接续不断的内战；一会儿九城的城门紧闭，枪声与炮声日夜不绝；一会儿城门开了，马路上又飞驰着得胜的军阀的高车大马。战争没有吓倒他，和平使他高兴。逢节他要过节，遇年他要祭祖，他是个安分守己的公民，只求消消停停地过着不至于愁吃愁穿的日子。即使赶上兵荒马乱，他也自有办法：最值得说的是他的家里老存着全家够吃三个月的粮食与咸菜。这样，即使炮弹在空中飞，兵在街上乱跑，他也会关上大门，再用装满石头的破缸顶上，便足以消灾避难。

为什么祁老太爷只预备三个月的粮食与咸菜呢？这是因为在他的心理上，他总以为北平是天底下最可靠的大城，不管有什么灾难，到三个月必定灾消难满，而后诸事大吉。北平的灾难恰似一个人免不了有些头疼脑热，过几天自然会好了的。不信，你看吧，祁老太爷会屈指算计：直皖战争有几个月？直奉战争又有好久？啊！听我的，咱们北平的灾难过不去三个月！

七七抗战那一年，祁老太爷已经七十五岁。对家务，他早已不再操心。他现在的重要工作是浇浇院中的盆花，说说老年间的故事，给笼中的小黄鸟添食换水和携着重孙子孙女极慢极慢地去逛大街和护国寺。可是，卢沟桥的炮声一响，他老人家便没法不稍微操点心了，谁教他是四世同堂的老太爷呢。

……

祁老人的背虽然有点弯，可是全家还属他的身量最高。在壮年的时候，他到处都被叫作"祁大个子"。高身量，长脸，他本应当很有威严，可是他的眼睛太小，一笑便变成一条缝子，于是，人们只看见他的高大的身躯，而觉不出什么特别可敬畏的地方来。到了老年，他倒变得好看了一些：黄暗的脸，雪白的须眉，眼角腮旁全皱出永远含笑的纹溜；小眼深深地藏在笑纹与白眉中，看去总是笑眯眯地显出和善；在他真发笑的时候，他的小眼放出一点点光，倒好像是有无限的智慧而不肯一下子全放出来似的。

（选自《四世同堂》）

诗人钱默吟

他的生活是按照着他的理想安排的，并不管行
得通行不通

钱老先生的屋里，除了鲜花，便是旧书与破字画。他的
每天的工作便是浇花，看书，画画，和吟诗。到特别高兴的时候，
他才喝两盅自己泡的茵陈酒。钱老先生是个诗人。他的诗不
给别人看，而只供他自己吟味。他的生活是按照着他的理想
安排的，并不管行得通行不通。他有时候挨饿，挨饿他也不
出一声。

......

虽然已有五十七八岁，钱默吟先生的头发还没有多少白
的。矮个子，相当地胖，一嘴油光水滑的乌牙，他长得那么厚

厚敦敦地可爱。圆脸，大眼睛，常好把眼闭上想事儿。他的语声永远很低，可是语气老是那么谦恭和气，教人觉得舒服。

（选自《四世同堂》）

老街坊之间

他非常地清高，可并没有看不起人的恶习气

在祁老人与钱先生的交往中，祁老人老来看钱先生，而钱先生绝对不到祁家去。假若祁老人带来一瓶酒，送给钱先生，钱先生必定马上派儿子送来比一瓶酒贵着两三倍的一些礼物；他永远不白受人家的东西。他的手中永远没有宽裕过，因为他永远不算账，不记账。有钱他就花掉，没钱他会愣着想诗。他的大少爷也有这样的脾气。他宁可多在家中练习几点钟的画，而不肯去多教几点钟的书，增加一点收入。

论性格，论学识，论趣味，祁老人都没有和钱先生成为好友的可能。可是，他们居然成了好朋友。在祁老人呢，他，第一，需要个年老的朋友，好有个地方去播放他的陈谷子烂芝麻。第二，他佩服钱老人的学问和人品。在钱先生呢，他一辈子不肯去巴结任何人，但是有愿与他来往的，他就不便拒绝。他非常地清高，可并没有看不起人的恶习气。假若有人愿意来看他，他是个顶和蔼可亲的人。

……他和祁老人谈诗，谈字画，祁老人不懂。祁老人对他讲重孙子怎么又出了麻疹，二孙媳怎么又改烫了飞机头，钱先生不感趣味。但是，两个人好像有一种默契：你说，我就听着；我说，你就听着。钱默吟教祁老人看画，祁老人便点头夸好。祁老人报告家中的琐事，默吟先生便随时地答以"怎么好？""真的吗？""对呀！"等等简单的句子。若实在无词以答，他也会闭上眼，连连地点头。到最后，两个人的谈话必然地移转到养花草上来，而二人都可以滔滔不绝地说下去，也都感到难得的愉快。虽然祁老人对石榴树的趣味是在多结几个大石榴，而钱先生是在看花的红艳与石榴的美丽，可是培植的方法到底是有相互磋磨的必要的。

畅谈了花草以后，钱先生往往留祁老人吃顿简单的饭，而钱家的妇女也就可以借着机会来和老人谈谈家长里短——

这时节，连钱先生也不能不承认在生活中除了作诗作画，也还有油盐酱醋这些问题的。

（选自《四世同堂》）

窝脖儿的

而年轻的虽然还吃这一行的饭，脖子上可没有那个肉包了

　　在二三十年前，北平有不少这种脖子上有肉包的人。他们自成一行，专给人们搬家。人家要有贵重的东西，像大瓷瓶，座钟和楠木或花梨的木器，他们便把它们捆扎好，用一块窄木板垫在脖子上，而把它们扛了走。他们走得要很稳，脖子上要有很大的力量，才能负重而保险不损坏东西。人们管这一行的人叫作"窝脖儿的"。自从有板子车以后，这行的人就渐渐地把"窝"变成了"拉"，而年轻的虽然还吃这一行的饭，脖子上可没有那个肉包了。

（选自《四世同堂》）

扛肩　陈师曾　作

李四爷

有时候他给穷邻居搬家，便只要个饭钱，而不
提工资

　　李老者虽是个没有受过教育的人，心中却有个极宽广的世
界。他不但关切着人世间的福利，也时时地往那死后所应去的
地方望一眼。他的世界不只是他所认识的北平城，而是也包括
着天上与地下。他总以为战争，灾患，不过都是一时的事；那
永远不改的事却是无论在什么时候，人们都该行好作善，好使
自己纵然受尽人间的苦处，可是死后会不至于受罪。因此，他
不大怕那些外来的危患。反之，世上的苦难越大，他反倒越活
跃，越肯去帮别人的忙。他是要以在苦难中所尽的心力，去换
取死后与来生的幸福。他自己并说不上来他的信仰是从哪里来

的，他既不信佛，不信玉皇大帝，不信孔圣人，他也又信佛，信玉皇与孔圣人。他的信仰中有许多迷信，而迷信并没能使他只凭烧高香拜神像去取得好的报酬。他是用义举善行去表现他的心，而他的心是——他自己并不能说得这么清楚——在人与神之间发生作用的一个机关。

……李四爷的为人好。在他的职业上，他永远极尽心，而且要钱特别克己；有时候他给穷邻居搬家，便只要个饭钱，而不提工资。在职业以外，特别是在有了灾难的时节，他永远自动地给大家服务。例如：地方上有了兵变或兵灾，他总是冒险地顶着枪子儿去到大街上探听消息，而后回来报告给大家应当怎样准备。城门要关闭了，他便在大槐树下喊两声："要关城了！赶紧预备点粮食呀！"及至灾难过去，城门又开了，他便又去喊："太平没事啦，放心吧！"

（选自《四世同堂》）

三号冠家

她比冠先生更喜欢，也更会，交际

　　三号的主人，冠晓荷，有两位太太，而二太太是唱奉天大鼓的，曾经红过一时的，尤桐芳。冠先生已经五十多岁……可是看起来还像三十多岁的人，而且比三十多岁的人还漂亮。冠先生每天必定刮脸，十天准理一次发，白头发有一根拔一根。他的衣服，无论是中服还是西装，都尽可能地用最好的料子；即使料子不顶好，也要做得最时样最合适。小个子，小长脸，小手小脚，浑身上下无一处不小，而都长得匀称。匀称的五官四肢，加上美妙的身段，和最款式的服装，他颇像一个华丽光滑的玻璃珠儿。他的人虽小，而气派很大，平日交结的都是名士与贵人。家里用着一个厨子，一个顶懂得规矩的男仆，和一个老穿缎子鞋的小老妈。一来客，他总是派人到便宜坊去叫挂炉烤鸭，到老宝丰去叫远年竹叶青。打牌，讲究起码四十八圈，而且饭前饭后要唱鼓书与二黄。对有点身份的街坊四邻，他相当地客气，可是除了照例的婚丧礼吊而外，并没有密切的交往。至于对李四爷，刘师傅，剃头的孙七，和小崔什么的，他便只看到他们的职业，而绝不拿他们当作人看。"老刘，明天来拆天棚啊！""四爷，下半天到东城给我取件东西来，别误了！""小崔，你要是跑得这么慢，我就不坐你的车了！听见没有？"对他们，他永远是这样地下简单而有权威的命令。

冠太太是个大个子，已经快五十岁了还专爱穿大红衣服，所以外号叫作大赤包儿。赤包儿是一种小瓜，红了以后，北平的儿童拿着它玩。这个外号起得相当地恰当，因为赤包儿经儿童揉弄以后，皮儿便皱起来，露出里面的黑种子。冠太太的脸上也有不少的皱纹，而且鼻子上有许多雀斑，尽管她还擦粉抹红，也掩饰不了脸上的褶子与黑点。她比她的丈夫的气派更大，一举一动都颇像西太后。她比冠先生更喜欢，也更会，交际；能一气打两整天整夜的麻雀牌，而还保持着西太后的尊傲气度。

冠太太只给冠先生生了两个小姐，所以冠先生又娶了尤桐芳，为是希望生个胖儿子。尤桐芳至今还没有生儿子。可是和大太太吵起嘴来，她的声势倒仿佛有十个儿子作后援似的。她长得不美，可是眉眼很媚；她的眉眼一天到晚在脸上乱跑。两位小姐，高第与招弟，本质都不错，可是在两位母亲的教导下，既会修饰，又会满脸上跑眉毛。

（选自《四世同堂》）

祁家长孙

当下过雪后，他一定去上北海，爬到小白塔上，
去看西山的雪峰

瑞宣，胖胖的，长得很像父亲。不论他穿着什么衣服，他的样子老是那么自然，大雅。这个文文雅雅的态度，在祁家是独一份儿……同他的祖父，父亲一样，他做事非常地认真。但是，在认真中——这就与他的老人们不同了——他还很自然，不露出剑拔弩张的样子。他很俭省，不虚花一个铜板，但是他也很大方——在适当的地方，他不打算盘。在他心境不好的时候，他像一片春阴，教谁也能放心不会有什么狂风暴雨。在他快活的时候，他也只有微笑，好像是笑他自己为什么要快活的样子。

他很用功，对中国与欧西的文艺都有相当的认识。可惜他

没机会，或财力，去到外国求深造。在学校教书，他是顶好的同事与教师，可不是顶可爱的，因为他对学生的功课一点也不马虎，对同事们的应酬也老是适可而止。他对任何人都保持着个相当的距离。他不故意地冷淡谁，也不肯绕着弯子去巴结人。他是凭本事吃饭，无须故意买好儿。

……他似乎有点女性，在行动上他总求全盘的体谅。举个例说：在他到了该结婚的年纪，他早已知道什么恋爱神圣，结婚自由那一套。可是他娶了父亲给他定下的"韵梅"。他知道不该把一辈子拴在个他所不爱的女人身上，但是他又不忍看祖父，父母的泪眼与愁容。他替他们想，也替他的未婚妻想。想过以后，他明白了大家的难处，而想得到全盘的体谅。他只好娶了她。他笑自己这样地软弱。同时，赶到他一看祖父与父母的脸上由忧愁改为快活，他又感到一点骄傲——自我牺牲的骄傲。

当下过雪后，他一定去上北海，爬到小白塔上，去看西山的雪峰。在那里，他能一气立一个钟头。那白而远的山峰把他的思想引到极远极远的地方去。他愿意摆脱开一切俗事，到深远的山中去读书，或是乘着大船，在海中周游世界一遭。赶到不得已的由塔上下来，他的心便由高山与野海收回来，而想到他对家庭与学校的责任。他没法卸去自己的人世间的责任而跑到理想的世界里去。于是，他顺手儿在路上给祖父与小顺儿买些点心，像个贤孙慈父那样婆婆妈妈的！好吧，既不能远走高飞，便回家招老小一笑吧！他的无可如何的笑纹又摆在他冻红了的脸上。

他几乎没有任何嗜好。黄酒，他能喝一斤。可是非到过年过节的时候，决不动酒。他不吸烟。茶和水并没有什么分别。他的娱乐只有帮着祖父种种花，和每星期到"平安"去看一次或两次电影。他的看电影有个实际的目的：他的英文很不错，可是说话不甚流利，所以他愿和有声片子去学习。每逢他到"平安"去，他总去得很早，好买到前排的座位——既省钱，又得听。

（选自《四世同堂》）

钟楼　况晗　作

金三爷

假若有人给他一瓶好酒，他的鼻子就更红起来

金三爷。他是个大块头……宽肩膀，粗脖子，他的头几乎是四方的。头上脸上全是红光儿，脸上没有胡须，头上只剩了几十根灰白的头发。最红的地方是他的宽鼻头，放开量，他能一顿喝斤半高粱酒。在少年，他踢过梅花桩，摔过私跤，扔过石锁，练过形意拳，而没读过一本书。经过五十八个春秋，他的工夫虽然已经撂下了，可是身体还像一头黄牛那么结实。

金三爷的办公处是在小茶馆里。泡上一壶自己带来的香片，吸两袋关东叶子烟，他的眼睛看着出来进去的人，耳中听着四下里的话语，心中盘算着自己的钱。看到一个合适的人，或听到一句有灵感的话，他便一个木楔子似的挤到生意中去。

他说媒，拉纤，放账！他的脑子里没有一个方块字，而有排列得非常整齐的一片数目字。他非常的爱钱，钱就是他的"四书"或"四叔"——他分不清"书"与"叔"有多少不同之处。可是，他也能很大方。在应当买脸面的时候，他会狠心地拿出钱来，好不至于教他的红鼻子减少了光彩。假若有人给他一瓶好酒，他的鼻子就更红起来，也就更想多发点光。

（选自《四世同堂》）

没落贵族

他生在民国建国的第一天

小文是中华民国元年元月元日降生在一座有花园亭榭的大宅子中的。在幼年时期，他的每一秒钟都是用许多金子换来的。在他的无数的玩具中，一两一个的小金锭与整块翡翠琢成的小壶都并不算怎样地稀奇。假若他早生三二十年，他一定会承袭上一等侯爵，而坐着八人大轿去见皇帝的。他有多少对美丽的家鸽，每天按着固定的时间，像一片流动的霞似的在青天上飞舞。他有多少对能用自己的长尾包到自己的头的金鱼，在年深苔厚的缸中舞动。他有多少罐儿入谱的蟋蟀，每逢竞斗一次，就须过手多少块白花花的洋钱。他有在冬天还会振翅鸣叫的，和翡翠一般绿的蝈蝈，用雕刻得极玲珑细致的小葫芦装着，揣在他的怀里；葫芦的盖子上镶着宝石。……他吃，喝，玩，笑，像一位太子那么舒适，而无须乎受太子所必须受的拘束。在吃，喝，玩，笑之外，他也常常生病；在金子里生活着有时候是不大健康的。不过，一生病，他便可以得到更多的怜爱，糟蹋更多的钱，而把病痛变成一种也颇有意思的消遣；贵人的卧病往往是比穷人的健壮更可羡慕的。他极聪明，除了因与书籍不十分接近而识字不多外，对什么游戏玩耍他都一看就成了专家。在八岁的时候，他已会唱好几出整本的老生戏，而且腔调韵味极像谭叫天的。在十岁上，他已经会弹琵琶，拉胡琴——胡琴拉得特别地好。

……

文侯爷不是旗人。但是，因为爵位的关系，他差不多自然而然地便承袭了旗人的那一部文化。假若他不生在民国元年，说不定他会成为穿宫过府的最漂亮的人物，而且因能拉会唱和斗鸡走狗得到最有油水的差事。不幸，他生在民国建国的第一天。他的思想——假若他也有思想——趣味，生活习惯与本领，完全属于前朝，而只把两只脚立在民国的土地上。民国的国民不再做奴隶，于是北平那些用楠木为柱，琉璃作瓦的王府，不到几年就因老米与银锭的断绝而出卖，有

189

的改为军阀的私宅，有的改为学校，有的甚至拆毁了而把砖瓦零卖出去，换些米面。贵族的衰落多半是像雨后的鲜蘑的，今天还是庞大的东西，明天就变成一些粉末，随风而逝！

文侯爷的亭台阁榭与金鱼白鸽，在他十三四岁的时候，也随着那些王公的府邸变成了换米面的东西。他并没感到怎样地难过，而只觉得生活上有些不方便。那些值钱的东西本来不是他自己买来的，所以他并不恋恋不舍地，含着泪地，把它们卖出去。他不知道那些物件该值多少钱，也不晓得米面卖多少钱一斤；他只感到那些东西能换来米面便很好玩。经过多少次好玩，他发现了自己身边只剩下了一把胡琴。

（选自《四世同堂》）

旗人的小生活

他们会使鸡鸟鱼虫都与文化发生了最密切的
关系

　　在清朝的末几十年，旗人的生活好像除了吃汉人所供给的
米，与花汉人供献的银子而外，整天整年的都消磨在生活艺术
中。上自王侯，下至旗兵，他们都会唱二黄，单弦，大鼓，与
时调。他们会养鱼，养鸟，养狗，种花，和斗蟋蟀。他们之中，
甚至也有的写一笔顶好的字，或画点山水，或作些诗词——至
不济还会诌几套相当幽默的悦耳的鼓儿词。他们的消遣变成了
生活的艺术。他们没有力气保卫疆土和稳定政权，可是他们会
使鸡鸟鱼虫都与文化发生了最密切的关系。他们听到了革命的
枪声便全把头藏在被窝里，可是他们的生活艺术是值得写出多

少部有价值与趣味的书来的。就是从我们现在还能在北平看到的一些小玩意儿中，像鸽铃，风筝，鼻烟壶儿，蟋蟀罐子，鸟儿笼子，兔儿爷，我们若是细心地去看，就还能看出一点点旗人怎样在最细小的地方花费了最多的心血。

（选自《四世同堂》）

若霞之美

她控制住了整个的戏园

虽然捧场的不少，若霞可是有真本事，并不专靠着捧场的人给她喝彩。反之，一个碰头好儿过后，戏园里反倒非常地静了。她的秀丽，端庄，沉稳，与适当的一举一动，都使人没法不沉下气去。她的眼仿佛看到了台下的每一个人，教大家心中舒服，又使大家敬爱她。即使是特来捧场的也不敢随便叫好了，因为那与其说是讨好，还不如说是不敬。她是那么瘦弱苗条，她又是那么活动焕发，倒仿佛她身上有一种什么魔力，使大家看见她的青春与美丽，同时也都感到自己心中有了青春的热力与愉快。她控制住了整个的戏园，虽然她好像并没分外地用力，特别地卖弄。

小文似乎已经忘了自己。探着点身子，横着笛，他的眼盯住了若霞，把每一音都吹得圆，送到家。他不仅是伴奏，而是用着全份的精神把自己的生命化在音乐之中，每一个声音都像带着感情，电力，与光浪，好把若霞的身子与喉音都提起来，使她不费力而能够飘飘欲仙。

（选自《四世同堂》）

他爱北平

他是外国人，他的眼睛不肯忽略任何东西

富善先生是个典型的英国人，对什么事，他总有他自己的意见，除非被人驳得体无完肤，他决不轻易地放弃自己的主张与看法。即使他的意见已经被人驳倒，他还要卷土重来找出稀奇古怪的话再辩论几回。他似乎拿辩论当作一种享受。他的话永远极锋利，极不客气，把人噎得出不来气。可是，人家若噎得他也出不来气，他也不发急。到他被人家堵在死角落的时候，他会把脖子憋得紫里蒿青的，连连地摇头。而后，他请那征服了他的人吃酒。他还是不服气，但是对打胜了的敌人表示出敬重。

他极自傲，因为他是英国人。不过，有人要先说英国怎样怎样地好，他便开始严厉地批评英国，仿佛英国自有史以来就没做过一件好事。及至对方也随着他批评英国了，他便改过来，替英国辩护，而英国自有史以来又似乎没有做错过任何一件事。不论他批评英国也罢，替英国辩护也罢，他的行为，气度，以至于一举一动，没有一点不是英国人的。

他已经在北平住过三十年。他爱北平，他的爱北平几乎等于他的爱英国。北平的一切，连北平的风沙与挑大粪的，在他看，也都是好的。他自然不便说北平比英国更好，但是当他有点酒意的时候，他会说出真话来："我的骨头应当埋在西山静宜园外面！"

对北平的风俗掌故，他比一般的北平人知道的还要多一些。北平人，住惯了北平，有时候就以为一切都平平无奇。他是外国人，他的眼睛不肯忽略任何东西。凡事他都细细地看，而后加以判断，慢慢地他变成了北平通。他自居为北平的主人，因为他知道一切。他最讨厌那些到北平旅行来的外国人："一星期的工夫，想看懂了北平？别白花了钱而且污辱了北平吧！"他带着点怒气说。

他的生平的大志是写一本《北平》。他天天整理稿子，而始终是"还差一点点！"他是英国人，所以在没做成一件事的时候，绝对不肯开口宣传出去。他不肯告诉人他要写出一本《北平》来，可是在遗嘱上，他已写好——杰作《北平》的著者。

（选自《四世同堂》）

东棉花胡同　况晗　作

北平的洋车夫

他们自己有一套外国话，不传授给别人

北平的洋车夫有许多派：年轻力壮，腿脚灵利的，讲究赁漂亮的车，拉"整天儿"，爱什么时候出车与收车都有自由；拉出车来，在固定的"车口"或宅门一放，专等坐快车的主儿；弄好了，也许一下子弄个一块两块的；碰巧了，也许白耗一天，连"车份儿"也没着落，但也不在乎。这一派哥儿们的希望大概有两个：或是拉包车；或是自己买上辆车，有了自己的车，再去拉包月或散座就没大关系了，反正车是自己的。

比这一派岁数稍大的，或因身体的关系而跑得稍差点劲的，或因家庭的关系而不敢白耗一天的，大概就多数地拉八成新的车；人与车都有相当的漂亮，所以在要价儿的时候也还能保持住相当的尊严。这派的车夫，也许拉"整天"，也许拉"半天"。在后者的情形下，因为还有相当的精气神，所以无论冬天夏天总是"拉晚儿"。夜间，当然比白天需要更多的留神与本事；钱自然也多挣一些。

年纪在四十以上，二十以下的，恐怕就不易在前两派里有个地位了。他们的车破，又不敢"拉晚儿"，所以只能早早地出车，希望能从清晨转到午后三四点钟，拉出"车份儿"和自己的嚼谷。他们的车破，跑得慢，所以得多走路，少要钱。到瓜市，果市，菜市，去拉货物，都是他们；钱少，可是无须快跑呢。

在这里，二十岁以下的——有的从十一二岁就干这行儿——很少能到二十岁以后改变成漂亮的车夫的，因为在幼年受了伤，很难健壮起来。他们也许拉一辈子洋车，而一辈子连拉车也没出过风头。那四十以上的人，有的是已拉了十年八年的车，筋肉的衰损使他们甘居人后，他们渐渐知道早晚是一个跟头会死在马路上。他们的拉车姿势，讲价时的随机应变，走路的抄近绕远，都足以使他们想起过去的光荣，而用鼻翅儿扇着那些后起之辈。可是这点光荣丝毫不能减少将来的黑暗，他们自己也因此在擦着汗的时节常常微叹。不过，以他们比较另一些四十上下岁的车夫，他们还似乎没有苦到了家。这一些是以前绝没想到自己能与洋车发生关系，而到了生和死的界限已经不甚分明，才抄起车把来的。被撤差的巡警或校役，把本钱吃光的小贩，或是失业的工匠，到了卖无可卖，当无可当的时候，咬着牙，含着泪，上了这条到死亡之路。这些人，生命最鲜壮的时期已经卖掉，现在再把窝窝头变成的血汗滴在马路上。没有力气，没有经验，没有朋友，就是在同行的当中也得不到好气儿。他们拉最破的车，皮带不定一天泄多少次气；一边拉着人还得一边儿央求人家原谅，虽然十五个大铜子儿已经算是甜买卖。

此外，因环境与知识的特异，又使一部分车夫另成派别。生于西苑海甸的自然以走西山，燕京，清华，较比方便；同样，在安定门外的走清河，北苑；在永定门外的走南苑……这是跑长趟的，不愿拉零座；因为拉一趟便是一趟，不屑于三五个铜子的穷凑了。可是他们还不如东交民巷的车夫的气儿长，这些专拉洋买卖的讲究一气儿由交民巷拉到玉泉山，颐和园或西山。气长也还算小事，一般车夫万不能争这项生意的原因，大半还是因为这些吃洋饭的有点与众不同的知识，他们会说外国话。英国兵，法国兵，所说的万寿山，雍和宫，"八大胡同"，他们都晓得。他们自己有一套外国话，不传授给别人。他们的跑法也特别，四六步儿不快不慢，低着头，目不旁视地，贴着马路边儿走，带出与世无争，而自有专长的神气。因为拉着洋人，他们可以不穿号坎，而一律地是长袖小白褂，白的或黑的裤子，裤筒特别肥，脚腕上系着细带；脚上是宽双脸千层底青布鞋；干净，利落，神气。一见这样的服装，别的车夫不会再过来争座与赛车，他们似乎是属于另一行业的。

（选自《骆驼祥子》）

祥子

他有自己的打算，有些心眼，但不好向别人
讲论

祥子，在与"骆驼"这个外号发生关系以前，是个较比有自由的洋车夫，这就是说，他是属于年轻力壮，而且自己有车的那一类：自己的车，自己的生活，都在自己手里，高等车夫。

这可绝不是件容易的事。一年，二年，至少有三四年；一滴汗，两滴汗，不知道多少万滴汗，才挣出那辆车。从风里雨里的咬牙，从饭里茶里的自苦，才赚出那辆车。那辆车是他的一切挣扎与困苦的总结果与报酬，像身经百战的武士的一颗徽章。在他赁人家的车的时候，他从早到晚，由东到西，由南到北，像被人家抽着转的陀螺；他没有自己。可是在这种旋转之中，他的眼并没有花，心并没有乱，他老想着远远的一辆车，可以使他自由，独立，像自己的手脚的那么一辆车。有了自己的车，他可以不再受拴车的人们的气，也无须敷衍别人；有自己的力气与洋车，睁开眼就可以有饭吃。

他不怕吃苦，也没有一般洋车夫的可以原谅而不便效法的恶习，他的聪明和努力都足以使他的志愿成为事实。假若他的环境好一些，或多受着点教育，他一定不会落在"胶皮团"（拉车行业）里，而且无论是干什么，他总不会辜负了他的机会。不幸，他必须拉洋车；好，在这个营生里他也证明出他的能力与聪明。他仿佛就是在地狱里也能做个好鬼似的。生长在乡间，失去了父母与几亩薄田，十八岁的时候便跑到城里来。带着乡间小伙子的足壮与诚实，凡是以卖力气就能吃饭的事他几乎全做过了。可是，不久他就看出来，拉车是件更容易挣钱的事；做别的苦工，收入是有限的；拉车多着一些变化与机会，不知道在什么时候与地点就会遇到一些多于所希望的报酬。自然，他也晓得这样的机遇不完全出于偶然，而必须人与车都得漂亮精神，有货可卖才能遇到识货的人。想了一想，他相信自己有那个资格：他有力气，年纪正轻；所差的是他还没有跑过，与不敢一上手就拉漂亮的车。但这不是不能胜过的困难，有他的身体与力气作基础，他只要试验个十天半月的，就一定能跑得有个样子，然后去赁辆新车，说不定很快地就能拉上包车，然后省吃俭用地一年二年，即使是三四年，他必能自己打上一辆车，顶漂亮的车！看着自己的青年的肌肉，他以为这只是时间的问题，这是必能达到的一个志愿与目的，绝不是梦想！

他的身量与筋肉都发展到年岁前边去；二十来的岁，他已经很大很高，虽然肢体还没被年月铸成一定的格局，可是已经像个成人了—— 一个脸上身上都带出天真淘气的样子的大人。看着那高等的车夫，他计划着怎样杀进他的腰去，好更显出他的铁扇面似的胸，与直硬的背；扭头看看自己的肩，多么宽，多么威严！杀好了腰，再穿上肥腿的白裤，裤脚用鸡肠子带儿系住，露出那对"出号"的大脚！是的，他无疑的可以成为最出色的车夫；傻子似的他自己笑了。

他没有什么模样，使他可爱的是脸上的精神。头不很大，圆眼，肉鼻子，两条眉很短很粗，头上永远剃得发亮。腮上没有多余的肉，脖子可是几乎与头一边儿粗；脸上永远红扑扑的，特别亮的是颧骨与右耳之间一块不小的疤——小时候在树下睡觉，被驴啃了一口。他不甚注意他的模样，他爱自己的脸正如同他爱自己的身体，都那么结实硬棒；他把脸仿佛算在四肢之内，只要硬棒就好。是的，到城里以后，他还能头朝下，倒着立半天。这样立着，他觉得，他就很像一棵树，上下没有一个地方不挺脱的。

他确乎有点像一棵树，坚壮，沉默，而又有生气。他有自己的打算，有些心眼，但不好向别人讲论。在洋车夫里，个人的委屈与困难是公众的话料，"车口儿"上，小茶馆中，大杂院里，每人报告着形容着或吵嚷着自己的事，而后这些事成为大家的财产，像民歌似的由一处传到一处。祥子是乡下人，口齿没有城里人那么灵便；设若口齿灵利是出于天才，他天生来的不愿多说话，所以也不愿学着城里人的贫嘴恶舌。他的事他知道，不喜欢和别人讨论。因为嘴常闲着，所以他有工夫去思想，他的眼仿佛是老看着自己的心。只要他的主意打定，他便随着心中所开开的那条路儿走；假若走不通的话，他能一两天不出一声，咬着牙，好似咬着自己的心！

（选自《骆驼祥子》）

城市贫民

一冬天，她们没有见过太阳与青天

大杂院里有七八户人家，多数的都住着一间房；一间房里有的住着老少七八口。这些人有的拉车，有的做小买卖，有的当巡警，有的当仆人。各人有各人的事，谁也没个空闲，连小孩子们也都提着小筐，早晨去打粥，下午去拾煤核。只有那顶小的孩子才把屁股冻得通红的，在院里玩耍或打架。炉灰尘土脏水就都倒在院中，没人顾得去打扫，院子当中间儿冻满了冰，大孩子拾煤核回来拿这当作冰场，嚷闹着打冰出溜玩。顶苦的是那些老人与妇女。老人们无衣无食，躺在冰凉的炕上，干等着年轻的挣来一点钱，好喝碗粥。年轻卖力气的也许挣得来钱，也许空手回来，回来还要发脾气，找着缝儿吵嘴。老人们空着肚子得拿眼泪当作水，咽到肚中去。那些妇人们，既得顾着老的，又得顾着小的，还得敷衍年轻挣钱的男人。她们怀着孕也得照常操作，只吃着窝窝头与白薯粥；不，不但要照常工作，还得去打粥，兜揽些活计——幸而老少都吃饱了躺下，她们得抱着个小煤油灯给人家洗，作，缝缝补补。屋子是那么小，墙是那么破，冷风从这面的墙缝钻进来，一直地从那面出去，把所有的一点暖气都带了走。她们的身上只挂着些破布，肚子盛着一碗或半碗粥，或者还有个六七个月的胎。她们得工作，得先尽着老的少的吃饱。她们浑身都是病，不到三十岁已脱了头发，可是一时一刻不能闲着，从病中走到死亡；死了，棺材得去向善人们募化。那些姑娘们，十六七岁了，没有裤子，只能围着块什么破东西在屋中——天然的监狱——帮着母亲做事，赶活。要到茅房去，她们得看准了院中无人才敢贼也似的往外跑；一冬天，她们没有见过太阳与青天。那长得丑的，将来承袭她们妈妈的一切；那长得有个模样的，连自己也知道，早晚是被父母卖出，"享福去"！

（选自《骆驼祥子》）

208

大杂院的夏

此刻，院中非常地热闹，好像是个没有货物的
集市

　　到了六月，大杂院里在白天简直没什么人声。孩子们抓早儿提着破筐去拾所能拾到的东西；到了九点，毒花花的太阳已要将他们的瘦脊背晒裂，只好拿回来所拾得的东西，吃些大人所能给他们的食物。然后，大一点的要是能找到世界上最小的资本，便去连买带拾，凑些冰核去卖。若找不到这点资本，便结伴出城到护城河里去洗澡，顺手儿在车站上偷几块煤，或捉些蜻蜓与知了儿卖与那富贵人家的小儿。那小些的，不敢往远处跑，都到门外有树的地方，拾槐虫，挖"金钢"什么的去玩。孩子都出去，男人也都出去，妇女们都赤

了背在屋中，谁也不肯出来；不是怕难看，而是因为院中的地已经晒得烫脚。

直到太阳快落，男人与孩子们才陆续地回来，这时候院中有了墙影与一些凉风，而屋里圈着一天的热气，像些火笼；大家都在院中坐着，等着妇女们做饭。此刻，院中非常地热闹，好像是个没有货物的集市。大家都受了一天的热，红着眼珠，没有好脾气；肚子又饿，更个个急叉白脸。一句话不对路，有的便要打孩子，有的便要打老婆；即使打不起来，也骂个痛快。这样闹哄，一直到大家都吃过饭。小孩有的躺在院中便睡去，有的到街上去撒欢。大人们吃饱之后，脾气和平了许多，爱说话的才三五成团，说起一天的辛苦。那吃不上饭的，当已无处去当，卖已无处去卖——即使有东西可当或卖——因为天色已黑上来。男的不管屋中怎样地热，一头扎在炕上，一声不出，也许大声地叫骂。女的含着泪向大家去通融，不定碰多少钉子，才借到一张二十枚的破纸票。攥着这张宝贝票子，她出去弄点杂合面来，勾一锅粥给大家吃。

（选自《骆驼祥子》）

210

老张其人

批评一个人的美丑，不能只看一部分而忽略全体

老张的哲学是"钱本位而三位一体"的。他的宗教是三种：回，耶，佛；职业是三种：兵，学，商。言语是三种：官话，奉天话，山东话。他的……三种；他的……三种；甚至于洗澡平生也只有三次。洗澡固然是件小事，可是为了解老张的行为与思想，倒有说明的必要。

老张平生只洗三次澡：两次业经执行，其余一次至今还没有人敢断定是否实现，虽然他生在人人是"预言家"的中国。第一次是他生下来的第三天，由收生婆把那时候无知无识的他，像小老鼠似的在铜盆里洗的。第二次是他结婚的前一夕，自动

地到清水池塘洗的。这次两个铜元的花费，至今还在账本上写着。这在老张的历史上是毫无可疑的事实。至于将来的一次呢，按着多数预言家的推测：设若执行，一定是被动的。简言之，就是"洗尸"。

……

老张也办教育？

真的！他有他自己立的学堂！

他的学堂坐落在北京北城外，离德胜门比离安定门近的一个小镇上。坐北朝南的一所小四合房，包着东西长南北短的一个小院子。临街三间是老张的杂货铺，上自鸦片，下至葱蒜，一应俱全。东西配房是他和他夫人的卧房；夏天上午住东房，下午住西房；冬天反之；春秋视天气冷暖以为转移。既省凉棚及煤火之费，长迁动着于身体也有益。北房三间打通了槅段，足以容五十多个学生，土砌的横三竖八的二十四张书桌，不用青灰，专凭墨染，是又黑又匀。书桌之间列着洋槐木做的小矮脚凳：高身量的学生，蹲着比坐着舒服；小的学生坐着和吊着差不多。北墙上中间悬着一张孔子像，两旁配着彩印的日俄交战图。西墙上两个大铁帽钉子挂着一块二尺见方的黑板；钉子上挂着老张的军帽和阴阳合历的宪书。门口高悬着一块白地黑字的匾，匾上写着"京师德胜汛公私立官商小学堂"。

老张的学堂，有最严的三道禁令：第一是无论春夏秋冬闰月不准学生开教室的窗户；因为环绕学堂半里而外全是臭水沟，无论刮东西南北风，永远是臭气袭人。不准开窗以绝恶臭，于是五十多个学生喷出的炭气，比远远吹来的臭气更臭。第二是学生一切用品点心都不准在学堂以外的商店去买；老张的立意是在增加学生爱校之心。第三不准学生出去说老张卖鸦片。因为他只在附近烟馆被官厅封禁之后，才做暂时的接济；如此，危险既少，获利又多；至于自觉身分所在不愿永远售卖烟土，虽非主要原因，可是我们至少也不能不感谢老张的热心教育。

老张的地位：村里的穷人都呼他为"先生"。有的呢，把孩子送到他的学堂，自然不能不尊敬他。有的呢，遇着开殃榜，批婚书，看风水……都要去求他，平日也就不能不有相当的敬礼。富些的人都呼他为"掌柜的"，因为他们日用的油盐酱醋之类，不便入城去买，多是照顾老张的。德胜汛衙门里的人，有的呼他为"老爷"，有的叫他"老张"，那要看地位的高低；因为老张是衙门里挂名的巡击。称呼虽然不同，而老张确乎是镇里——二郎镇—— 一个重要人物！老张要是不幸死了，比丢了圣人损失还要大。因为哪个圣人能文武兼全,阴阳都晓呢？

老张的身材按营造尺是五尺二寸，恰合当兵的尺寸。不但身量这么适当，而且腰板直挺，当他受教员检定的时候，确经检定委员的证明他是"脊椎动物"。红红的一张脸，微点着几粒黑痣；按《麻衣相法》说，主多才多艺。两道粗眉连成一线，黑丛丛地遮着两只小猪眼睛。一只短而粗的鼻子，鼻孔微微向上掀着，好似柳条上倒挂的鸣蝉。一张薄嘴，下嘴唇往上翻着，以便包着年久失修渐形垂落的大门牙，因此不留神看，最容易错认成一个夹馅的烧饼。左脸高仰，右耳几乎扛在肩头，以表示着师位的尊严。

批评一个人的美丑，不能只看一部分而忽略全体。我虽然说老张的鼻子像鸣蝉，嘴似烧饼，然而决不敢说他不好看。从他全体看来，你越看他嘴似烧饼，便越觉得非有鸣蝉式的鼻子配着不可。从侧面看，有时鼻洼的黑影，依稀地像小小的蝉翅。就是老张自己对着镜子的时候，又何尝不笑吟吟地夸道："鼻翅掀着一些，哼！不如此，怎能叫妇人们多看两眼！"

（选自《老张的哲学》）

报馆主笔蓝小山

蓝小山先生大除夕的还研究"植物心理学"，
念到半夜又作了几首诗

　　蓝先生大概有二十五六岁，一张瘦秀椭圆的脸，中间悬着
一支有棱有角的尖鼻。鼻梁高处挂着一对金丝蓝光小眼镜，浅
浅的蓝光遮着一双"对眼"，看东西的时候，左右眼珠向鼻部
集中，一半侵入眼角，好像鼻部很有空地作眼珠的休息室；往
大了说，好似被天狗吞过一半，同时并举的日月食，不过有蓝
眼镜的遮掩，从远处看不大出来。薄薄的嘴唇，留着日本式的
小胡子，显出少年老成。长长的头发，直披到项部，和西洋的
诗哲有同样的丰度。现在穿着一件黑羔皮袍，外罩一件浅黄色
的河南绸大衫。手里一把白马尾拂尘，风儿吹过，绸大衫在下

部飘起，白拂尘遮满前胸，长头发散在项后，上中下三部迎风乱舞，真是飘然欲仙。头上一顶青缎小帽，缝着一个红丝线结，因头发过厚的原因，帽沿的垂直线前边齐眉，后边只到耳际。足下一双青缎绿皮脸厚底官靴，膝部露着驼毛织的高筒洋式运动袜。更觉得轻靴小袖，妩媚多姿！

别的先不用说，单是关于世界上的教育问题的著作，据他告诉王德，曾念过全世界总数的四分之三。他本是个教育家，因与办教育的人们意见不合，才辞了教席而入报界服务。现在他关于"报馆组织学"和"新闻学"的书又念了全数的四分之三。论实在的，他真念过四分之四，不过天性谦虚，不愿扯满说话；加以"三"字的声音比"四"字响亮，所以永远说四分之三。

……

蓝小山先生大除夕的还研究"植物心理学"，念到半夜又作了几首诗。蓝先生到底与众不同！

（选自《老张的哲学》）

古老的青年

他张口便是新诗，闭口便是哲学

周少濂是位很古老的青年，弯弯的腰像个小银钩虾。瘦瘦的一张黄脸像个小干橘子。两只小眼永远像含笑，鼻尖红着又永远像刚哭完。这样似笑不笑，似哭非哭的，叫人看着不能起一定的情感。细嫩的嗓音好似个七八岁的小姑娘，可是嗓音的难听又绝不是小孩子所能办到的。眉上的皱纹确似有四五十岁了，嘴唇上可又一点胡子茬没有。总之，断定他至小有七岁，至大有五十，或者没有什么大错儿。他学的是哲学，可是他的工夫全用在作新诗上。他自己说：他是以新诗来发表他的哲学。不幸，人们念完他的新诗，也不知为什么就更糊涂了。他张口便是新诗，闭口便是哲学。没有俏皮的诗句，该他说话的时候也不说。有漂亮的诗句，不该他说话的时候也非说不可。现在他穿着一件灰布棉袍，罩着一件旧蓝哔叽的西服上身。这样不但带出几分"新"的味道，而且西服口袋多，可以多装一些随时写下来的诗句的纸条儿，以免散落遗失了。

（选自《赵子曰》）

欧阳天风

他的面貌，服装，比赵子曰的好看得不止十倍

　　欧阳天风呢，他在大学预科还不满七年呢，大概差两个学期。他抱定学而不厌，温故知新的态度，唯恐其冒昧升级而根基打得不坚固。他和赵子曰的每科学三个月的方法根本不同，可是为学问而求学的态度是有同样的可佩服的。他的面貌，服装，比赵子曰的好看得不止十倍，可是他们两个是影形不离的好朋友。赵子曰只有和欧阳这么个俊俏的人相处，才坦然不觉自己的丑陋；欧阳天风只有和赵子曰这样难看的人相处，才安然不疑自己的娇美。他们两个好像庙门前立着的那对哼哈二将，唯其不同，适以相成。他们两个还有一点不同的地方：

赵的入学是由家里整堆往外拿洋钱，在公寓中打麻雀西嘟花嘟一五一十地输洋钱。欧阳不但不用从口袋里往外掏钱，却是因叉麻雀赚钱而去交学费。设若工读互助会要赠给半工半读的人们奖牌，那可以无疑地断定，那块金质奖牌是要给欧阳天风的。他们两个的经济政策根本不同，可是在麻雀场上使他们关系越发密切；赵子曰要是把钱输给欧阳天风，除了他以为叉麻雀是最高尚的游戏以外，他觉得无形中做了一桩慈善事业。

……

欧阳天风的小金钥匙，不大不小正好开开赵子曰心窝上那把愁锁。会说话的人，不是永远讨人家喜欢，而是遇必要的时候增加人家的愁苦，激动人家的怒气。设若人们的怒气，愁闷，有一定的程度，你要是能把他激到最高点，怒气与愁闷的自身便能畅快，满足，转悲为喜，破涕为笑。正像小孩子闹脾气到不可开交的时候，爽得叫他痛哭一场；老太婆所谓"哭出来就好了！"者，是也。对于不惯害病的，你说："你看着好多了！"当他不幸而害病的时候，他因你这个暗示，那荷梗，灯芯的功效就能增高十倍。可是对于以害病吃药为一种消遣的人，你最好说"你还得保养呀！'红色补丸'之外，还得加些'艾罗补脑汁'呀！"于是他满意了，你的同情心与赏识"病之美"的能力，安慰了他。

欧阳天风明白这个!

（选自《赵子曰》）

武端其人

他不但知道别人的钱包在哪里放着，他也知道
钱包里有多少钱

　　武端的外号是武秘密，除了宇宙之谜和科学的奥妙他不屑
于猜测以外，什么事他都看出一个黑影来，他都想用 X 光线
去照个两面透光。他坐洋车的时候，要是遇上一个瘸拉车的，
他登时下车去踢拉车的瘸腿两脚，试一试他是否真瘸。他踢拉
车的，绝没有欺侮苦人的心；踢完了，设若拉车的是真瘸，他
多给他几角钱，又绝没有可怜苦人的心；总而言之，他踢人和
多给人家钱全是为"彻底了解"，他认为多花几角钱是一种"秘
密试验费"。他从桌上拿起那顶假貂皮帽，扣在赵子曰的肉帽
架上，又从抽屉里拿出一个钱包，塞在赵子曰的衣袋里。他不

但知道别人的钱包在哪里放着，他也知道钱包里有多少钱；不然，怎配叫作武秘密呢！

（选自《赵子曰》）

鼓书艺人

他一抖动眉毛，人家就觉得它们会撞出闪电来

方宝庆虽然已经四十开外，说书卖艺经历了不少的风霜，他的模样举止倒还很纯朴——连他说话的神情，一举手一抬腿，都显得那么和蔼。他不蠢，要不，这么多年了，不会过得这么顺遂。他像个十岁的孩子那样单纯、天真、淘气，而又真诚。他要是吐一下舌头，歪一下肩膀，做个怪脸，或者像傻瓜一样放声大笑，那可不是做戏，也不是装假。这都叫人信得过。他是为了让自己高兴，才那么干。他的做作和真诚就像打好的生鸡蛋一样，浑然融为一体，分不清哪是蛋黄，哪是蛋清。

……

他看起来一点也不像个卖艺的。不怎么漂亮，也不怎么丑。他就像当铺或是百货店的伙计那样长相平常。他的举止也毫无出奇之处，丝毫不像个艺人。他也不像有的好演员，不用装模作样，就能显出才华来。他有时流露出一点艺人的习气，倒更叫人家猜不透他是个干什么的。

他个子不高，然而结实丰满。因为长得敦实，有时显得迟钝、笨拙。不过要是他愿意的话，也能像猴儿一样的机灵、活跃。你跟他一块走道儿，要是遇上一摊水，你准猜不出他到底会一下子蹦过去呢，还是稳稳当当往水里迈，把鞋弄个精湿。

他圆圆的脑袋总是剃得油光锃亮。他的眼睛、耳朵、嘴都很大，大得像是松松地挂在脑袋上。幸好他的眉毛又黑又粗，像是为了维持尊严才摆在那儿的。有了它，脸上松弛的肌肉就不会显得可笑。它们就像天上的两朵黑云，他一抖动眉毛，人家就觉得它们会撞出闪电来。

他的牙长得挺整齐，老露着，因为他喜欢笑。鼻子很平常，但嘴唇总是那么红润、鲜亮。虽然眼睛下面已经有了中年人的皱纹，可这对红嘴唇倒使他看起来年轻多了。

（选自《鼓书艺人》）

225

有声电影

连卖票的都进来了，以为是卖糖的杀了人

二姐还没有看过有声电影。可是她已经有了一种理论。在没看见以前，先来一套说法，不独二姐如此，有许多伟人也是这样；此之谓"知之为知之，不知为知之"也。她以为有声电影便是电机嗒嗒之声特别响亮而已。要不然便是当电人——二姐管银幕上的英雄美人叫电人——互相巨吻的时候，台下鼓掌特别发狂，以成其"有声"。她确信这个，所以根本不想去看。本来她对电影就不大热心，每当电人巨吻，她总是用手遮上眼的。

但据说有声电影是有说有笑而且有歌。她起初还不相信，可是各方面的报告都是这样，她才想开开眼。

二姥姥等也没开过此眼，而二姐又恰巧打牌赢了钱，于是大请客。二姥姥，三舅妈，四姨，小秃，小顺，四狗子，都在被请之列。

二姥姥是天一黑就睡，所以绝不能去看夜场；大家决定午时出发，看午后两点半那一场。看电影本是为开心解闷，所以十二点动身也就行了。要是上车站接个人什么的，二姐总是早去七八小时的。那年二姐夫上天津，二姐在三天前就催他到车站去，恐怕临时找不到座位。

早动身可不见得必定早到；要不怎么越早越好呢。说是十二点走哇，到了十二点三刻谁也没动身。二姥姥找眼镜找了一刻来钟；确是不容易找，因为眼镜在她自己腰里带着呢。跟着就是三舅妈找钮子，翻了四只箱子也没找到，结果是换了件衣裳。四狗子洗脸又洗了一刻多钟，这还总算顺当；往常一个脸得至少洗四十多分钟，还得有门外的巡警给帮忙。出发了。走到巷口，一点名，小秃没影了。大家折回家里，找了半点多钟，没找着。大家决定不看电影了，找小秃是更重要的。把新衣裳全脱了，分头去找小秃。正在这个当儿，小秃回来了；原来他是跑在前面，而折回来找她们。好吧，再穿好衣裳走吧，巷外有的是洋车，反正耽误不了。

二姥姥给车价还按着现洋换一百二十个铜子时的规矩，多一个不要。这几年了，她不大出门，所以老觉得烧饼卖三个大铜子一个不是件事实，而是大家欺骗她。现在拉车的三毛两毛向她要，也不是车价高了，是欺侮她年老走不动。她偏要走一个给他们瞧瞧。这一挂劲可有些"憧憬"：她确是有志向前迈步，不过脚是向前向后，连她自己也不准知道。四姨倒是能走，可惜为看电影特意换上高底鞋，似乎非扶着点什么不敢抬脚。她假装过去搀着二姥姥，其实是为自己找个靠头。不过大家看得很清楚，要是跌倒的话，这二位一定是一齐倒下。四狗子和小秃们急得直打蹦。

　　总算不离，三点一刻到了电影院。电影已经开映。这当然是电影院不对；难道不晓得二姥姥今天来么？二姐实在觉得有骂一顿街的必要，可是没骂出来，她有时候也很能"文明"一气。

　　既来之则安之，打了票。一进门，小顺便不干了，怕黑，黑的地方有红眼鬼，无论如何也不能进去。二姥姥一看里面黑洞洞，以为天已经黑了，想起来睡觉的舒服；她主张带小顺回家。要是不为二姥姥，二姐还想不起请客呢。谁不知道二姥姥已经是土埋了半截的人，不看回有声电影，将来见阎王的时候要是盘问这一层呢？大家开了家庭会议。不行，二姥姥是不能走的。至于小顺，好办，买几块糖好了。吃糖自然便看不见红眼鬼了。事情便这样解决了。四姨搀着二姥姥，三舅妈拉着小顺，二姐招呼着小秃和四狗子。前呼后应，在暗中摸索，虽然有看座的过来招待，可是大家各自为政地找座儿，忽前忽后，忽左忽右，离而复散，分而复合，主张不一，而又愿坐在一块儿。直落得二姐口干舌燥，二姥姥连喘带嗽，四狗子咆哮如雷，看座的满头是汗。观众们全忘了看电影，一齐恶声的"吃——"，但是压不下去二姐的指挥口令。二姐在公共场所说话特别响亮，要不怎样是"外场"人呢。

直到看座的电棒中的电已使净，大家才一狠心找到了座。不过，还不能这么马马虎虎地坐下。大家总不能忘了谦恭呀，况且是在公共场所。二姥姥年高有德，当然往里坐。可是二姥姥当着四姨怎肯倚老卖老，四姨是姑奶奶呀；而二姐又是姐姐兼主人；而三舅妈到底是媳妇，而小顺子等是孩子；一部伦理从何处说起？大家打架似的推让，甚至把前后左右的观众都感化得直喊叫老天爷。好容易大家觉得让得已够上相当的程度，一齐坐下。可是小顺的糖还没有买呢！二姐喊卖糖的，真喊得有劲，连卖票的都进来了，以为是卖糖的杀了人。

糖买过了，二姥姥想起一桩大事——还没咳嗽呢。二姥姥一阵咳嗽，惹起二姐的孝心，与四姨三舅妈说起二姥姥的后事来。老人家像二姥姥这样的，是不怕儿女当面讲论自己的后事，而且乐意参加些意见，如"别的都是小事，我就是要个金九连环。也别忘了糊一对童儿！"这一说起来，还有完吗？一桩套着一桩，一件连着一件，说也奇怪，越是在戏馆电影场里，家事越显着复杂。大家刚说到热闹的地方，忽，电灯亮了，人们全往外走。二姐喊卖瓜子的；说起家务要不吃瓜子便不够派儿。看座的过来了，"这场完了，晚场八点才开呢。"

大家只好走吧。一直到二姥姥睡了觉，二姐才想起问三舅妈："有声电影到底怎么说来着？"三舅妈想了想："管它呢，反正我没听见。"还是四姨细心，她说她看见一个洋鬼子吸烟，还从鼻子里冒烟呢，"电影是怎样做的，多么巧妙哇，鼻子冒烟，和真的一样，你就说。"大家都赞叹不已。

（原载 1933 年 11 月《论语》第二十九期）

难忘的聚会

莘田是我自幼的同学，我俩曾对揪小辫打架

有三次聚会是终生忘不掉的：一次是在北平，杨今甫与沈从文两先生请吃饭，客有两桌，酒是满坛；多么快活的日子啊！今甫先生拳高量雅，喊起来大有威风。从文先生的拳也不弱，杀得我只有招架之功，并无还手之力。那快乐的日子，我被写家们困在酒阵里！最勇敢的是叶公超先生，声高手快，连连挑战。朱光潜先生拳如其文，结结实实，一字不苟。朱自清先生不慌不忙，和蔼可爱。林徽音女士不动酒，可是很会讲话。几位不吃酒的，谈古道今，亦不寂寞，有罗膺中先生，黎锦明先生，罗莘田先生，魏建功先生……其中，莘田是我自幼的同学，我俩曾对揪小辫打架，也一同逃学去听《施公案》。他的酒量不大，那天也陪了我几杯，多么快乐的日子！这次遇到的朋友，现在大多数是在昆明，每个人都跑了几千里路。他们都最爱北平，而含泪逃出北平；什么京派不京派，他们的气节不比别人低一点呀！那次还有周作人先生，头一回见面，他现在可是还在北平，多么伤心的事！

（选自《怀友》，原载 1939 年 4 月《抗战文艺》第四卷第一期）

敬爱的黄先生

这位困苦中的天使也是平安中的君王

　　黄先生已死去二十多年了。这些年中，只要我在北平，我总忘不了去祭他的墓。自然我不能永远在北平；别处的秋风使我倍加悲苦：祭黄先生的时节是重阳的前后，他是那时候死的。去祭他是我自己加在身上的责任；他是我最钦佩敬爱的一位老师，虽然他待我未必与待别的同学有什么分别；他爱我们全体的学生。可是，我年年愿看看他的矮墓，在一株红叶的枫树下，离大悲寺不远。

　　已经三年没去了，生命不由自主地东奔西走，三年中的北平只在我的梦中！

　　去年，也不记得为了什么事，我跑回去一次，只住了三天。

虽然才过了中秋，可是我不能不上西山去；谁知道什么时候才再有机会回去呢。自然上西山是专为看黄先生的墓。为这件事，旁的事都可以搁在一边；说真的，谁在北平三天能不想办一万样事呢。

这种祭墓是极简单的：只是我自己到了那里而已，没有纸钱，也没有香与酒。黄先生不是个迷信的人，我也没见他饮过酒。

从城里到山上的途中，黄先生的一切显现在我的心上。在我有口气的时候，他是永生的。真的；停在我心中，他是在死里活着。每逢遇上个穿灰布大褂，胖胖的人，我总要细细看一眼。是的，胖胖的而穿灰布大衫，因黄先生而成了对我个人的一种什么象征。甚至于有的时候与同学们聚餐，"黄先生呢？"常在我的舌尖上；我总以为他是还活着。还不是这么说，我应当说：我总以为他不会死，不应该死，即使我知道他确是死了。

他为什么做学监呢？胖胖的，老穿着灰布大衫！他做什么不比当学监强呢？可是，他竟自做了我们的学监；似乎是天命，不做学监他怎能在四十多岁便死了呢！

胖胖的，脑后折着三道肉印；我常想，理发师一定要费不少的事，才能把那三道弯上的短发推净。脸像个大肉葫芦，就是我这样敬爱他，也就没法否认他的脸不是招笑的。可是，那双眼！上眼皮受着"胖"的影响，松松的下垂，把原是一对大眼睛变成了俩螳螂卵包似的，留个极小的缝儿射出无限度的黑亮。好像这两道黑光，假如你单单地看着它们，把"胖"的一切注脚全勾销了。那是一个胖人射给一个活动，灵敏，快乐的世界的两道神光。他看着你的时候，这一点点黑珠就像是钉在你的心灵上，而后把你像条上了钩的小白鱼，钓起在他自己发射出的慈祥宽厚光朗的空气中。然后他笑了，极天真的一笑，你落在他的怀中，失去了你自己。那件松松裹着胖黄先生的灰布大衫，在这时节，变成了一件仙衣。在你没看见这双眼之前，假如你看他从远处来了，他不过是团蠕蠕而动的灰色什么东西。

无论是哪个同学想出去玩玩，而造个不十二分有伤于诚实的谎，去到黄先生那里请假，黄先生先那么一笑，不等你说完你的谎——好像唯恐你自己说漏了似的——便极用心地用苏字给填好"准假证"。但是，你必须去请假。私自离校是绝对不行的。凡关乎人情的，以人情的办法办；凡关乎校规的，校规是校规；这个胖胖的学监！

他没有什么学问，虽然他每晚必和学生们一同在自修室读

235

书；他读的都是大本的书，他的笔记本也是庞大的，大概他的胖手指是不肯甘心伤损小巧精致的书页。他读起书来，无论冬夏，头上永远冒着热汗，他绝不是聪明人。有时我偷眼看看他，他的眉，眼，嘴，好像都被书的神秘给迷住；看得出，他的牙是咬得很紧，因为他的腮上与太阳穴全微微地动弹，微微地，可是紧张。忽然，他那么天真地一笑，叹一口气，用块像小床单似的白手绢抹抹头上的汗。

先不用说别的，就是这人情的不苟且与傻用功已足使我敬爱他——多数的同学也因此爱他。稍有些心与脑的人，即使是个十五六岁的学生，像那时候的我与我的学友们，还能看不出：他的温和诚恳是出于天性的纯厚，而同时又能丝毫不苟的负责是足以表示他是温厚，不是懦弱？还觉不出他是"我们"中的一个，不是"先生"们中的一个；因为他那种努力读书，为读书而着急，而出汗，而叹气，还不是正和我们一样？

到了我们有了什么学生们的小困难——在我们看是大而不易解决的——黄先生是第一个来安慰我们，假如他不帮助我们；自然，他能帮忙的地方便在来安慰之前已经自动地做了。二十多年前的中学学监也不过是挣六十块钱，他每月是拿出三分之一来，预备着帮助同学，即使我们都没有经济上的困难，他这三分之一的薪水也不会剩下。假如我们生了病，黄先生不但是殷勤地看顾，而且必拿来些水果，点心，或是小说，几乎是偷偷地放在病学生的床上。

但是，这位困苦中的天使也是平安中的君王——他管束我们。宿舍不清洁，课后不去运动……都要挨他的雷，虽然他的雷是伴着以泪作的雨点。

（选自《大悲寺外》，原载 1933 年 7 月 1 日
《文艺月刊》第四卷第一期）

宗月大师

没有他，我也许永远想不起帮助别人有什么乐
趣与意义

在我小的时候，我因家贫而身体很弱。我九岁才入学。因
家贫体弱，母亲有时候想教我去上学，又怕我受人家的欺侮，
更因交不上学费，所以一直到九岁我还不识一个字。说不定，
我会一辈子也得不到读书的机会。因为母亲虽然知道读书的重
要，可是每月间三四吊钱的学费，实在让她为难。母亲是最喜
脸面的人。她迟疑不决，光阴又不等待着任何人，荒来荒去，
我也许就长到十多岁了。一个十多岁的贫而不识字的孩子，很
自然地去做个小买卖——弄个小筐，卖些花生、煮豌豆，或樱
桃什么的。要不然就是去学徒。母亲很爱我，但是假若我能去

做学徒，或提篮沿街卖樱桃而每天赚几百钱，她或者就不会坚决地反对。穷困比爱心更有力量。

有一天刘大叔偶然地来了。我说"偶然地"，因为他不常来看我们。他是个极富的人，尽管他心中并无贫富之别，可是他的财富使他终日不得闲，几乎没有工夫来看穷朋友。一进门，他看见了我。"孩子几岁了？上学没有？"他问我的母亲。他的声音是那么洪亮，（在酒后，他常以学喊俞振庭的《金钱豹》自傲）他的衣服是那么华丽，他的眼是那么亮，他的脸和手是那么白嫩肥胖，使我感到我大概是犯了什么罪。我们的小屋，破桌凳，土炕，几乎禁不住他的声音的震动。等我母亲回答完，刘大叔马上决定："明天早上我来，带他上学，学钱、书籍，大姐你都不必管！"我的心跳起多高，谁知道上学是怎么一回事呢！

第二天，我像一条不体面的小狗似的，随着这位阔人去入学。学校是一家改良私塾，在离我的家有半里多地的一座道士庙里。庙不甚大，而充满了各种气味：一进山门先有一股大烟味，紧跟着便是糖精味（有一家熬制糖球糖块的作坊），再往里，是厕所味，与别的臭味。学校是在大殿里。大殿两旁的小屋住着道士，和道士的家眷。大殿里很黑、很冷。神像都用黄布挡着，供桌上摆着孔圣人的牌位。学生都面朝西坐着，一共有三十来人。西墙上有一块黑板——这是"改良"私塾。老师姓李，一位极死板而极有爱心的中年人。刘大叔和李老师"嚷"了一顿，而后教我拜圣人及老师。老师给了我一本《地球韵言》和一本《三字经》。我于是，就变成了学生。

自从做了学生以后，我时常地到刘大叔的家中去。他的宅子有两个大院子，院中几十间房屋都是出廊的。院后，还有一座相当大的花园。宅子的左右前后全是他的房屋，若是把那些房子齐齐地排起来，可以占半条大街。此外，他还有几处铺店。每逢我去，他必招呼我吃饭，或给我一些我没有看见过的点心。他绝不以我为一个苦孩子而冷淡我，他是阔大爷，但是他不以富傲人。

在我由私塾转入公立学校去的时候，刘大叔又来帮忙。这时候，他的财产已大半出了手。他是阔大爷，他只懂得花钱，而不知道计算。人们吃他，他甘心教他们吃；人们骗他，他付之一笑。他的财产有一部分是卖掉的，也有一部分是被人骗了去的。他不管，他的笑声照旧是洪亮的。

到我在中学毕业的时候，他已一贫如洗，什么财产也没有了，只剩了那个后花园。不过，在这个时候，假若他肯用用心思，去调整他的产业，他还能有办法教自己丰衣足食，因为他的好多财产是被人家骗了去的。可是，他不肯去请律师。贫与富在他心中是完全一样的。假若在这时候，他要是不再随便花钱，他至少可以保住那座花园，和城外的地产。可是，他好善。尽管他自己的儿女受着饥寒，尽管他自己受尽折磨，他还是去办贫儿学校、粥厂等等慈善事业。他忘了自己。就是在这个时候，我和他过往得最密。他办贫儿学校，我去做义务教师。他施舍粮米，我去帮忙调查及散放。在我的心里，我很明白：放粮放钱不过只是延长贫民的受苦难的日期，而不足以阻拦住死亡。但是，着刘大叔那么热心，那么真诚，我就顾不得和他辩论，而只好也出点力了。即使我和他辩论，我也不会得胜，人情是往往能战败理智的。

在我出国以前，刘大叔的儿子死了。而后，他的花园也出了手。他入庙为僧，夫人与小姐入庵为尼。由他的性格来说，他似乎势必走入避世学禅的一途。但是由他的生活习惯上来说，大家总以为他不过能念念经，布施布施僧道而已，而绝对不会受戒出家。他居然出了家。在以前，他吃的是山珍海味，穿的是绫罗绸缎。他也嫖也赌。现在，他每日一餐，入秋还穿着件夏布道袍。这样苦修，他的脸上还是红红的，笑声还是洪亮的。

对佛学，他有多么深的认识，我不敢说。我却真知道他是个好和尚，他知道一点便去做一点，能做一点便做一点。他的学问也许不高，但是他所知道的都能见诸实行。

出家以后，他不久就做了一座大寺的方丈。可是没有好久就被驱逐出来。他是要做真和尚，所以他不惜变卖庙产去救济苦人。庙里不要这种方丈。一般地说，方丈的责任是要扩充庙产，而不是救苦救难的。离开大寺，他到一座没有任何产业的庙里作方丈。他自己既没有钱，他还须天天为僧众们找到斋吃。同时，他还举办粥厂等等慈善事业。他穷，他忙，他每日只进一顿简单的素餐，可是他的笑声还是那么洪亮。他的庙里不应佛事，赶到有人来请，他便领着僧众给人家去唪真经，不要报酬。他整天不在庙里，但是他并没忘了修持；他持戒越来越严，对经义也深有所获。他白天在各处筹钱办事，晚间在小室里作工夫。谁见到这位破和尚也不曾想到他会是个在金子里长起来的阔大爷。

去年，有一天他正给一位圆寂了的和尚念经，他忽然闭上了眼，就坐化了。火葬后，人们在他的身上发现许多舍利。

没有他，我也许一辈子也不会入学读书。没有他，我也许永远想不起帮助别人有什么乐趣与意义。他是不是真的成了佛？我不知道。但是，我的确相信他的居心与言行是与佛极相近似的。我在精神上物质上都受过他的好处，现在我的确愿意他真的成了佛，并且盼望他以佛心引领我向善，正像在三十五年前，他拉着我去入私塾那样！

他是宗月大师。

（原载 1940 年 1 月 23 日《华西日报·每周文艺》）

我的理想家庭

这个家庭顶好是在北平

一个二十多岁的小伙子，讲恋爱，讲革命，讲志愿，似乎天地之间，唯我独尊，简直想不到组织家庭——结婚既是爱的坟墓，家庭根本上是英雄好汉的累赘。及至过了三十，革命成功与否，事情好歹不论，反正领略够了人情世故，壮气就差点事了。虽然明知家庭之累，等于投胎为马为牛，可是人生总不过如此，多少也都得经验一番，既不坚持独身，结婚倒也还容易。于是发帖子请客，笑着开驶倒车，苦乐容或相抵，反正至少凑个热闹。到了四十，儿女已有二三，贫也好富也好，自己认头苦受，对于年轻的朋友已经有好些个事说不到一处，而劝告他们老老实实地结婚，好早生儿养女，即是话不投缘的一例。

到了这个年纪，设若还有理想，必是理想的家庭。倒退二十年，连这么一想也觉泄气。人生的矛盾可笑即在于此，年轻力壮，力求事事出轨，决不甘为火车；及至中年，心理的，生理的，种种理的什么什么，都使他不但非做火车不可，且做货车焉。把当初与现在一比较，判若两人，足够自己笑半天的！或有例外，实不多见。

明年我就四十了，已具说理想家庭的资格：大不必吹，盖亦自嘲。

我的理想家庭要有七间小平房：一间是客厅，古玩字画全非必要，只要几张很舒服宽松的椅子，一二小桌。一间书房，书籍不少，不管什么头版与古本，而都是我所爱读的。一张书桌，桌面是中国漆的，放上热茶杯不至烫成个圆白印。文具不讲究，可是都很好用，桌上老有一两枝鲜花，插在小瓶里。两间卧室，我独据一间，没有臭虫，而有一张极大极软的床。在这个床上，横睡直睡都可以，不论怎睡都一躺下就舒服合适，好像陷在棉花堆里，一点也不硬碰骨头。还有一间，是预备给客人住的。此外是一间厨房，一个厕所，没有下房，因为根本不预备用仆人。家中不要电话，不要播音机，不要留声机，不要麻将牌，不要风扇，不要保险柜。缺乏的东西本来很多，不过这几项是故意不要的，有人白送给我也不要。

院子必须很大。靠墙有几株小果木树。除了一块长方的土地，平坦无草，足够打开太极拳的，其他的地方就都种着花草——没有一种珍贵费事的，只求昌茂多花。屋中至少有一只花猫，院中至少也有一两盆金鱼；小树上悬着小笼，二三绿蝈蝈随意地鸣着。

这就该说到人了。屋子不多，又不要仆人，人口自然不能很多：一妻和一儿一女就正合适。先生管擦地板与玻璃，打扫院子，收拾花木，给鱼换水，给蝈蝈一两块绿王瓜或几个毛豆；并管上街送信买书等事宜。太太管做饭，女儿任助手——顶好是十二三岁，不准小也不准大，老是十二三岁。儿子顶好是三岁，既会讲话，又胖胖的，会淘气。母女于做饭之外，就做点针线，看小弟弟。大件衣服拿到外边去洗，小件的随时自己涮一涮。

既然有这么多工作，自然就没有多少工夫去听戏看电影。不过在过生日的时候，全家就出去玩半天；接一位亲或友的老太太给看家。过生日什么的永远不请客受礼，亲友家送来的红白帖子，就一概扔在字纸篓里，除非那真需要帮助的，才送一些干礼去。到过节过年的时候，吃食从丰，而且可以买一通纸牌，大家打打"索儿胡"，赌铁蚕豆或花生米。

男的没有固定的职业；只是每天写点诗或小说，每千字卖上四五十元钱。女的也没事做，除了家务就读些书。儿女永不上学，由父母教给画图，唱歌、跳舞乱蹦也算一种舞法——和文字，手工之类。等到他们长大，或者也会仗着绘画或写文章卖一点钱吃饭；不过这是后话，顶好暂且不提。

这一家子人，因为吃得简单干净，而一天到晚又不闲着，所以身体都很不坏。因为身体好，所以没有肝火，大家都不爱闹脾气。除了为小猫上房，金鱼甩子等事着急之外，谁也不急叱白脸的。

大家的相貌也都很体面，不令人望而生厌。衣服可并不讲究，都做得很结实朴素：永远不穿又臭又硬的皮鞋。男的很体面，可不露电影明星气；女的很健美，可不红唇卷毛的鼻子朝着天。孩子们都不卷着舌头说话，淘气而不讨厌。

这个家庭顶好是在北平，其次是成都或青岛，至坏也得在苏州。无论怎样吧，反正必须在中国，因为中国是顶文明顶平安的国家；理想的家庭必在理想的国内也。

（原载 1936 年 11 月 16 日《论语》第一百期）